Hanada新書 008

新聞が語る
中国の97%は嘘である

福島香織
Kaori Fukushima

飛鳥新社

まえがき——日本人には絶対に理解できない中国人の本性

二〇二五年一月、アメリカでドナルド・トランプ政権がスタートし、米中「新冷戦」構造が一層、明確化した。

トランプ大統領が就任演説で中国に触れたのはわずか一カ所——「中国がパナマ運河を運営している」というくだりだ。だが、この一カ所が示す意味は重要だ。

アメリカが自国の裏庭と見てきた中米の要衝《ようしょう》・パナマ運河……その太平洋側のバルボア港と大西洋側のクリストバル港は、香港《ホンコン》企業のオペレーションで動いていた。もし戦争が勃発《ぼっぱつ》したら、アメリカはパナマ運河を使って軍事物資を輸送し、軍艦を移動させることもあるだろう。

しかしそのとき、アメリカの物流情報は、中国に筒抜けになる。それどころか、中国の意向を受けた香港企業が運河を封鎖し、アメリカ軍や軍事物資の移動を妨害するかもしれない。そうした懸念が取り沙汰《ざた》されていたのだ。

だからこそトランプ大統領は、「パナマ運河を取り戻す」と主張していた。つまりこれは、「近い将来に米中間で紛争や戦争が起こりうる」という意味を含んでいる。

先のトランプ大統領の演説では、パナマ運河のくだりに続いて領土拡張を謳《うた》い、「マニフェストデスティニー」(神のさだめ)という言葉で領土拡張の正しさを主張して、火星に星条旗を立てる野心まで語った。そうして「アメリカを再び偉大にする」と約束している。

このトランプ大統領の語る野心は、習近平《しゅうきんぺい》国家主席がこれまで語ってきた「中華民族の偉大なる復興」を掲げた「中国の夢」と合わせ鏡のように見える。誰もが気づくことだろう。

しかし、似たもの同士の野心家が並び立つことは不可能だ。トランプ大統領は中国を最大のライバルと見做《みな》し、この国を包囲し、その野心を抑え込むことで、国際社会の新たな枠組みを再構築しようと考えている。

そのプロセスで、世界各国に対して、アメリカ側に立つのか、中国側に立つのか、追加関税などの恫喝《どうかつ》や圧力を交えながら、トランプ大統領は問い質《ただ》す。ハイテク産業のサプライチェーン、あるいはエネルギーや金融の産業全体、そして価値観やルールまで、米中両陣営にデカップリングされていくことになろう。

このトランプ大統領のアメリカは、ロシアに宥和的《ゆうわてき》な姿勢を見せ、ウクライナでの戦争を終わらせるとともに、中露蜜月《みつげつ》時代も終わらせようとしている。一九七〇年代、リチャード・ニクソン大統領の時代、中国を西側陣営に引き寄せることによって旧ソ連を孤立させ瓦解《がかい》させたように、中国共産党の解体を試みようとするかもしれない。

中国の習近平政権は、そうしたアメリカの圧力に対抗するために、中国式現代化モデルをアンチアメリカのグローバルサウス諸国に提示し、ヨーロッパの対米不信を煽《あお》っている。そうして中国的な価値観や秩序、あるいはルールや発展モデルを示し、新たな陣営を形成しようとしている。

二〇二五年以降、このような国際社会の枠組みの再構築の動きや、東西デカップリングの動きが加速していく。実際、その傾向が、すでに顕著に出ており、中国国家外貨管理局が発表した二〇二四年の国際収支によると、外国企業の中国への直接投資は、わずか四五億ドル（約六七五〇億円）にまで減少した……これはピーク時の二〇二一年と比べ、九九パーセントの減少である。

中国への一九九一年における外資直接投資額は、四三・七億ドルだった。ということは、中国経済の改革開放度は、政策が始まった初期のころにまで後退しているのだ。

こうした新冷戦構造が加速するなか、中国の隣国でありアメリカの同盟国である日本は、きっと大波を受けることになるだろう。

ここで日本の政治家、そして政治家を選ぶ有権者が気をつけねばならないことがある。米中両方と良好な関係を維持できると考えたり、米中対立を緩和させる仲介的な役割を日本が担《にな》おうとしたりしないことだ。特に、「中国陣営にすり寄ったほうが日本の国益に適《かな》う」といった見方に惑わされてはいけない。

なぜか？　清《しん》朝末期、そして中華民国が成立したばかりのころに活躍した思想家・李宗《りそう》吾《ご》の「厚黒学《こうこくがく》」が説くように、中国人は、「ずるく、腹黒く、嘘も平気でつける人間こそが歴史を動かす偉大な人物だ」と考える傾向が強いからだ。性善説で生きている日本人とは最も相性が悪い国民性を有していると思われる。

こんなことをいうと「ヘイトだ」「人種差別するな」と非難を受けるが、中国で暮らしたことがある方ならば、日本人としての当たり前の正直さを「愚かだ」「頭が悪い」と馬鹿にされたことが何度もあるはずだ。

たとえば経費などを粉飾《ふんしょく》せずに申告したり、きっちりと納税したりすることについて、筆者は中国人のビジネスマンや商務弁護士から、次のようにいわれたことがある。「頭が良ければ、うまく相手の裏をかき、騙《だま》し、自分が得するようにできるはずだ。正直なのは、うまく嘘をつける頭がないのだ」と……。

中国政府の経済統計がでたらめで嘘だらけなのも、建築をする際に手抜き工事が多いのも、共産党政権の腐敗構造のせいだけではなく、中国人の国民性にも起因している。長期的に信用を築くより、人を裏切ってでも目の前の利益を得ることを選択するのだ。

私は、中国人のこうした性質は、それだけ過酷な歴史を経験し、残酷な目に遭ってきたことにも関係すると思っている。

中華人民共和国を建国してから、わずか七五年のあいだだけでも、反右派闘争、大躍進、文化大革命（文革）と、人民を巻き込む政治運動が何度も繰り返された。そうして餓死者が道端に累々《るいるい》と横たわるような大飢饉《だいききん》を経験し、核戦争の危機にも直面してきた。ようやく改革開放で暮らしが豊かになる、と希望が見えたときに、今度は天安門事件が起きた。そこでは人民を守るとされてきた軍隊の戦車によって学生たちが轢《ひ》き殺された……。

その後も現在に至るまで、中国では、いくら刈ってもすぐ生《は》えてくる「韮《ニラ》」に人民はたとえられ、搾取《さくしゅ》と迫害に苦しんでいる。そんな残酷な社会を生き抜くためには、裏切られるより裏切る人間であること、騙されるより騙す人間であることを目指すようになるのだ。

しかし最近の中国は、こうした処世術としての腹黒さや嘘をもって生き抜くことすら厳しい社会になっている。そのため虐《しいた》げられた人々は、自分だけが不条理に苦しみ絶望することに納得がいかない。だからこそ、社会に報復をするようなテロを起こし、無関係な人々を巻き込む。このような通り魔的な無差別殺人が急増している。

こういう事件を、明《みん》朝末期の農民指導者で大虐殺者だった張献忠《ちょうけんちゅう》の名にちなみ、「献忠事件」と呼んでいる。深圳《シンセン》市の日本人学校の校門付近で日本人児童が犠牲になったケースなど、まさにこれに当たる。

本書は、こうした中国の残酷な社会や過酷な政治状況を多くの日本人読者に知ってもらい、そして中国との付き合い方や距離感について考えてほしいと思って上梓《じょうし》した。

テレビ東京の北京支局特派員でもあった小林史憲《こばやしふみのり》さんが書いたベストセラー『テレビに映る中国の97%は嘘である』(講談社+α新書)の続編のようなタイトルになっているが、これは編集者が同じ間渕隆《まぶちたかし》さんであり、その意向で決まった。熱心な新聞読者である間渕さんは、「新聞は表面的な中国社会や国民性しか報じていない」と感じたらしいのだ。

小林さんとは旧知の仲、かつ良好な関係にあるので問題ないとは思うが、もしクレームがあるようなら、間渕さんのほうへ。商業出版物のタイトルに関しては、通常、筆者には命名の権限がないことをお断りしておく。

内容は、『月刊Ｈａｎａｄａ』に連載中の「現代中国残酷物語」の最近四年間の掲載分からピックアップし、加筆・修正したものだ。間渕さんに「日本人には絶対に理解できない中国人の本性」が表れているテーマを選んでいただき、再構成した。この点でも、小林さんの著書とは無関係である。

ただし近年、中国共産党は、日本の大手マスコミに所属する記者の選別を厳しくしている。それは、「優秀な記者に中国に来てもらい、この素晴らしい国をリポートしてほしい」という選別の方向性ではない。むしろ中国語ができない人間、畑違いの政治部などに所属していた記者にビザを発行するようにしている。中国共産党の政治の過酷さを隠蔽《いんぺい》するためだ。ゆえに本書のタイトルも、むしろこれから輝きを増すような気もしている。

なお本書では、一元を二〇円で、一ドルを一五〇円で計算させていただいた。そして登場人物の肩書は、基本的に当時のものとさせていただいた。

二〇二五年四月吉日

福島香織《ふくしまかおり》

新聞が語る中国の97パーセントは嘘である◉目次

第三章　企業家たちの悲劇

第四章　中国の若者の真っ暗な未来

第五章　香港の悲劇そして少数民族の地獄

第一章　強権社会の生活&セックス——共産党高官と民衆の日常

1 中国高官に弄ばれた女子テニスプレーヤーの反撃

SNSで暴露されたセックススキャンダル

中国の女子テニスプレーヤーとして、ウィンブルドンや全仏オープンのダブルスで優勝を果たしたこともある彭帥《ほうすい》が、元副首相で元党中央政治局常務委員でもあった張高麗《ちょうこうれい》との不倫関係を、二〇二一年一一月二日、中国のＳＮＳ微博《ウエイボー》で告発した（ＳＮＳのアカウントは乗っ取られることもあるが）。

二〇一七年にハリウッドから盛り上がった「#MeToo運動」の影響が中国にも広がったという見方もあったが、一一月八～一一日の六中全会（党中央委員会第六回全体会議）という最重要政治会議の直前というタイミングであったことから、政治的意図が深読みされた。

この六中全会では、中国共産党史上三度目の歴史決議が採択された。共産党の歴史を毛《もう》沢東《たくとう》時代、鄧小平《とうしょうへい》時代、習近平《しゅうきんぺい》時代という三つの時代区分で語ることにしたのだ。すなわち習近平を、毛沢東や鄧小平に比肩《ひけん》しうる終身指導者だと祭り上げたとされる。

さて、彭帥が告発した張高麗のセックススキャンダルが意味するものは、本当のところ何なのか。まず、彭帥の告発投稿の内容を簡単に解説しよう。

一一月二日午後一〇時すぎ、彭帥の本人認証付きの微博アカウントに、一六〇〇字にも及ぶ長文の投稿があった。張高麗との関係を告発するものだ。この投稿は約二〇分後に削除されたが、その間、一〇万人以上が閲覧し、ネット上で拡散された。

その後、表向き、この情報は中国インターネット上から完全に削除された。張高麗や彭帥のキーワード検索ができなくなったのはもちろんのこと、「テニス」や、張高麗が彭帥にいった言葉として投稿中に引用された「宇宙は大きい」というフレーズ、果てはまったく無関係な韓国ドラマの『総理と私』までが、ネット上の政治的敏感ワードとして、削除対象になった。だが、人々は隠喩《いんゆ》や隠語で噂し合っていた。

愛人にカネも便宜も与えなかった副首相

彭帥は一九八六年、湖南省に生まれた。天津《てんしん》市のチームに所属し、二〇一三年のウィンブルドンと二〇一四年の全仏オープンで女子ダブルス優勝。北京、ロンドン、リオデジャネイロのオリンピック三大会に中国代表として出場したスーパーアスリートだ。

一方の張高麗は一九四六年生まれ。深圳《しんせん》市書記時代、同市に隠居していた習近平の父親の習仲勲《しゅうちゅうくん》と昵懇《じっこん》の仲となった。そのため習近平とも知遇を得ていたが、派閥的には江沢《こうたく》民《みん》派、上海閥《ばつ》に属し、曽慶紅《そうけいこう》や周永康《しゅうえいこう》の石油閥にもつながっていた。

張高麗は習近平政権一期目に政治局常務委員会入りし、副首相も務めたが、江沢民に近すぎたため習近平は信用してはいなかった、といわれていた。

その張高麗が天津市書記時代（二〇〇七～一二年）、趣味のテニスのお相手をしたことから、彭帥は彼と男女の関係になった。

だが二〇一二年、政治局常務委員に出世すると、張高麗は彭帥との連絡を一方的に絶った。しかし二〇一八年、政治局常務委員や副首相を引退したのち、張高麗から彭帥に再びアプローチがあった。そのときのことを彭帥は、以下のように書いている。

「午前中にテニスをしたあと、あなたは奥様と一緒に私を自宅に連れていきましたね。そして私を部屋に連れ込み、十何年前に天津でしたように、私と体の関係を持とうとした……奥様がいる家のなかで、関係を迫られるとは思わなかった」

「あの日の午後、私はまったく同意していなかった。だからずっと泣いていた。夕食はあなたや康潔《こうけつ》おばさんと一緒に食べた。あなたは『宇宙はとてもとても大きく、地球は一粒の砂だ。そして、私たち人類は一粒の砂にもならない』といったわね」

だが彭帥は、「あの日、私は再び愛を解き放ってしまった」と感じ、再び張高麗と付き合い始めてしまった。そのことで、張高麗夫人の康潔からいびられたことも、彭帥は投稿に書いている。それによれば、張高麗は、これまで彭帥に一銭の金を遣《つか》ったこともなければ、何の便宜も図ったこともないという。

二〇二一年一〇月三〇日の夜、二人は激しい口論をし、一一月二日の午後、二人でゆっくりと話し合う約束をした。だが張高麗は、直前になって電話をしてきた。すべてから逃れるように、「後日また連絡しよう」と言い訳をした。

これにブチ切れた彭帥。「遊ぶだけ遊んでおいて、いらなくなったらポイかよ」とばかりに、その日の夜に張高麗を告発したわけだ。「自滅する覚悟であなたとのあいだにあったことを暴露する」と。

共産党集団指導体制を破壊するために

大物官僚や政治家が愛人を囲うことなど、中国では珍しいことではない。若い愛人をたくさん作ることは、その政治家の生命力の証《あか》しと見做《みな》す風潮もあった。しかも直轄市《ちょっかつし》

（天津市）書記クラスの権威とは、一般党員や人民にとっては絶対的なもの。大女優や人気アスリートを愛人にするなど、たやすいことなのだ。

彭帥は「張高麗から金銭や政治的便宜を一切受けていない」と主張しているが、これは自分が汚職に関わりがないという弁解なのかもしれない。

二〇代半ばから三〇代半ばにかけて、女として最も輝かしい時代を捧げられるものだろうか？　無償で、四〇歳も年上のイケメンでもない男に、その妻から侮蔑《ぶべってき》的な扱いを受けながら……やはり最大の魅力は、最高指導部経験者の権力による庇護《ひご》ではないか？

一方的に性的搾取を受けたとして、彭帥は、命がけで張高麗を告発するわけだが、それ自体も、にわかに信じがたい行動だった。

政治局常務委員は、共産党九五〇〇万人のトップの七人、最高指導部メンバーだ。集団指導体制においてこの七人は、総書記も含め、同じ重さの一票を持って政治的な決定を下す。

しかも政治局常務委員は一種の不逮捕特権を備え、周永康が習近平によって失脚させられるまでは、その特権は引退後まで続くと見られていた。すなわち引退後であろうとも、元政治局常務委員の罪を告発することなど、一般人には思いも付かないことなのである。

逆にいえば、政治局常務委員（引退者も含めて）の罪を問えた人物は、これまで習近平だけだということ。その習近平も、一つ間違えば返り討ちに遭いかねないガチの権力闘争に勝利して、なんとか周永康を失脚させた。

このスキャンダルは中国国内では情報封鎖されてはいるが、当初、微博に投稿できたこと、投稿は削除されたが彭帥のアカウントは抹消されていないこと、一部の中国ニュースサイトでも転載されていたことなどを総合すると、あえて検閲《けんえつ》をスルーさせた可能性も否定できない。

そして、このスキャンダルが、習近平にとってマイナスに働いていないことも確かだ。それどころか、むしろ政治局常務委員の権威が相対的に下がっていることを印象づけた。つまり、これまで神のように畏《おそ》れられていた政治局常務委員の権威が、たとえ引退者でも、当事者の女性から告発されるほど矮小化《わいしょうか》された、という意味である。

これは、鄧小平が確立した政治局常務委員による共産党集団指導体制を破壊し、終身個人独裁をもくろむ習近平の思惑と合致《がっち》しているのではないか……こう考えると、彭帥は張高麗よりも大きな権力の庇護《ひご》があるからこそ、張高麗を告発できたのではないか、そう疑ってしまう。

「#MeToo運動」も利用した権力闘争

折しも、この告発投稿があった二〇二一年一一月二日、元中国工商銀行上海支店長・顧《こ》国明《こくめい》の汚職について、その詳しい内容を中央規律検査委員会が発表した。さらに、顧国明が女性部下三二人にセクハラを行っていた詳細なども、財新ネットで報じられた。

その顧国明は、すでに二〇一九年に失脚し、汚職などの罪で無期懲役の服役中だった。ではなぜ、彼のスキャンダルがほじくり返されたのか。やはり六中全会の直前だったからである。

顧国明は、政治局常務委員だった韓正《かんせい》現副主席が上海市長や書記だった時代に、上海金融界のボスとして仕《つか》えてきた。そして韓正は、張高麗の後任として、その職責のほとんどを受け継いでいる。そう考えると、韓正を狙った権力闘争だったのかもしれない、と想像をたくましくしてしまう。

仮に二〇二二年夏までに現役の政治局常務委員が失脚すれば、政治局常務委員会や集団指導体制の解体につながったことだろう。それこそ習近平の望むところだったはずだ。

ただ一つだけ確かなことがある。長い共産党の歴史のなかで、女たちの愛も人権も、常に権力闘争に利用される道具に過ぎなかった、という事実だ。党の権力者たちは、「#MeToo運動」ですら利用し尽くすのだ。

2 いまだに存在する売られた花嫁と生殖奴隷

鎖につながれた農村女性の素性

中国には、いまだ家畜同然の扱われ方をする農村女性の問題がある。これは比喩《ひゆ》ではなく、まさしく生殖のために生きる、家畜のような女性が存在するのだ。

二〇二二年一月末、北京冬季オリンピック・パラリンピック開催直前に、オリンピックよりも中国社会の関心を呼んだ江蘇《こうそ》省徐州《じょしゅう》市の農村・豊《ほう》県歓口鎮《かんこうちん》の「鎖につながれた農村女性事件」について語りたい。

中国の動画配信サイトで一月二八日ごろから、ある動画が流れた。歓口鎮のある農家のぼろぼろの小屋のなかで、四〇歳前後と見られる女性が鎖でつながれている様子が映っていた。気温三度なのに薄着で、靴も履《は》いていない。食事は饅頭《マントウ》と薄い粥《かゆ》が与えられていた。歯がほとんどない。

彼女の夫を名乗る男性が、彼女に七人の男児と一人の女児を産ませたこと、一九九八年、三三歳のときに親が自分に与えてくれた嫁であることを悪びれずに語った。夫と子どもたちは比較的清潔な服を着ており、明らかに彼女は虐待されている様子だった。

彼女が何かわめいている。異国の言葉のようでもあり、単に錯乱《さくらん》してわめいているようでもある。

最初の動画のコメント欄には、「彼女はもともと英語も話せる一五歳の女子中学生で、長期間、性暴行を受け、警察に通報されたり逃げられたりするのを防ぐために、知的障害者になるほど殴られて、現在のような状態になったのだ」という書き込みがあった。

一月二八日、豊県の宣伝当局は地元メディアに対し、「この動画の女性は地元民であり、鎖につながれているのは精神疾患によって錯乱状態になり、老人や子どもに暴力を振るうため家族が拘束した」と説明。女性が売られてきた花嫁で、暴行によって知的障害になったという説を完全否定した。

だが、「女性が同じ村の人間なら、女性の実家側はどう対応しているのか？」という疑問の声がネット上で沸き起こった。豊県当局も本格的調査に乗り出すしかなかった。

「一人っ子政策」で八人の子どもの怪

一月三〇日、その調査結果が発表された。この女性は一九九八年六月、豊県歓口鎮と山東省魚台《ぎょたい》県の境にやって来た流浪《るろう》の物乞《ものご》いだという。歓口鎮の農民一家が引き取り、その後、家の息子の嫁になった。正式に結婚の登記を行ったが、このとき鎮政府の役人は女性の身元を確認しなかった。その女性が誘拐されたという事実は、調査においては発見されなかった。

地元公安当局は、彼女のＤＮＡを全国公安機関共通の被誘拐・失踪児童情報システム、全国公安ＤＮＡデータベースに照会した。また精神鑑定の結果、彼女は統合失調症と診断されて病院に収容され、投薬治療をされている、とした。

当局の説明は最初と大きく変わり、この調査結果についても多くのネットユーザーが信じなかった。知的あるいは精神的に障害を持つ物乞いの少女に婚姻の意思確認はできたのか？　だいたい、一五歳では法的に婚姻できない……。

さらに、「一人っ子政策」が廃止になったのは二〇一五年なのに、なぜ八人も子どもを出産できたのか？

中国の人口抑制政策「一人っ子政策」下では、複数の子どもをもうけた夫婦には超生（超過出産）として厳しい罰金が科された。懲罰のように、強制不妊手術や強制堕胎《だたい》手術を科されるケースもあった。

だが、この一家にはそうした懲罰もなく、二〇一四年五月から「貧困家庭である」という理由で、生活保護と住民医療保険政策による援助を受けていた。毎年春節、そして中秋節のタイミングで慰問金を受け取り、また八人の子どものうち三人については毎学期ごとに一人当たり七五〇元（約一万五〇〇〇円）の生活補助金、別の二人の子どもについては毎学期ごとに五〇〇元の政府援助金を受け取っていた。さらに二〇二一年には鎮政府から老朽《ろうきゆう》家屋改造補助費として三万七〇〇〇元を受け取り、四軒の新しい家も建てていた。

こうした補助金には、しばしば地方政府の官僚や村役人の汚職や利権が絡《から》む。この事件の背後には別の深い闇もありそうだった。

「一家三人の男性からレイプされ続けた」

さらに、あるネットユーザーが「家族捜索願い」サイトから、彼女と顔立ちが非常に似た女性の写真を持ち出してきた。そこに「李瑩《りえい》」という、一九八四年生まれで一九九六年に失踪した女性が登録されていたのだ。当時、四川省南充《なんじゆう》市在住の小学校六年生であった李瑩は、ある日、学校に行ったきり、行方《ゆくえ》不明になったという。

二〇二二年二月に入ると、この動画の閲覧数は、のべ一六億回を超えた。世論を宥《なだ》めるために、今度は徐州市が調査に乗り出した。その調査結果が二月七日に発表された。

それによると、鎖につながれていたのは雲南《うんなん》省福貢《ふくこう》県亜谷村出身、一九八四年生まれの「小花梅《しょうかばい》」という女性で、父母はすでに死亡。雲南省の地元の村で、一九九四年、一〇歳のときに最初の婚姻を行ったが、離婚。その後、父母の頼みで同村の人が江蘇省に連れていき、新たな嫁ぎ先を探そうと思っていたら、彼女は途中で逃げ出して、それっきり音信不通になったという。小花梅は漢族の名ではない。おそらく、雲南地方の少数民族であろう。だから言葉も通じない。

さて当局の発表は三度とも大きく違い、何が真実かは分からなかった。彼女を鎖につないでいた農家は、一〇〇人の警官が包囲して厳重に警備し、興味本位のネットユーザーやメディアが近づけないようにした。あるネットユーザーがこの家に近づくと、警官から「この件は国家機密に属する」と、強い訓戒を受けたという。

彼女の周辺では、いろいろな噂が流れている。「彼女は三〇年間、鎖につながれ続けていて、夫だけでなくその弟と父、一家三人の男性からレイプされ続けていた」とか、「彼女を売った人身売買ブローカーは徐州市公安局幹部の親族で、一九八五年から二〇〇〇年までのあいだに四〇〇人の官僚が人身売買に関与している」とか……。

二月一〇日、徐州市合同調査チームが、彼女が誘拐され売られた女性だと認定。夫は非法拘禁罪で、雲南省福貢県から徐州まで彼女を連れてきたという夫婦は誘拐・人身売買容疑で逮捕した。だが、徐州市当局の官僚が関与している噂についてはうやむやなままだった。

毎年一〇〇万人が失踪する中国

二〇二〇年「中国失踪人口白書」によれば、中国では毎年一〇〇万人が失踪し、うち二〇万人は児童だという。攫《さら》われた女性の多くが、売春宿か農村の嫁に売られる。その実態については私自身、人身売買ブローカーや、北京郊外の農村へ売られた少数民族の花嫁を直接取材してきた。その一部は、拙著『中国の女』(文春文庫)で紹介している。

一人っ子政策の弊害《へいがい》として男女出生比率の不均衡が起き、貧しい農村には結婚できない男があふれた。彼らの性処理と農家の跡取り不足が、生殖奴隷の需要を生んだ。ただ、こうした嫁の売買は、村全体が犯罪として認識していない。

というのも、中国の農村には、もともと「童養媳《どうようせき》」という女児を農家の嫁として買う風習があった。隣近所の村民も、村の役人や警察も、みなグルなのだ。

逃げようとすれば、逃げる気力を失うまで暴行を加え、ときには手足を折られたり、目をつぶされたりといった話もある。ならば諦《あきら》めて、農家の嫁としての運命を受け入れようとする女性もいる。男児を産めば跡取りを産んだ嫁として大事にされることもあるのだから、と。

私が農村に売られてきた花嫁の取材を行ったのは、もう二〇年ちかく前のことだが、中国の女性に対する人権意識は、いまだこの状況なのである。

なぜ、こうした中国の闇は改善されないのか――その原因は、中国共産党の政治ロジックにある。

異論者や少数派を排除し、全体の安定を実現するのが全体主義。そこでは異論や少数意見を持つ者が不条理を感じたとしても、黙って従っていれば命までは取られない……。

だが、そんな平和は家畜の安寧《あんねい》であり、それでは少数派が直面する不条理はなくならない。異論を唱え、声を上げ、戦わねば、少数派は虐《しいた》げられたままなのだ。

中国は北京冬季オリンピック・パラリンピックで全体主義のロジックを臆面《おくめん》もなく掲げて、「未来に向かって一緒に」と世界に呼びかけた。だが、そんな残酷な未来は嫌だ。「争いのない全体主義の平和」あるいは「家畜の平和」よりも、不条理を叫び、争い、勝ち取る一人ひとりの自由が、もっとましな未来を創るのだといいたい。

3 存在を消されたコロナ感染者と目撃者たち

オリンピックを「ゼロコロナ」で行うために

新型コロナウイルス肺炎の感染拡大阻止を、どの国よりも効果的に行ったと見られていた中国は、二〇二二年に入り、にわかに感染拡大の局面に遭遇した。オミクロン株の感染スピードに、中国式の「ゼロコロナ政策」が追い付かなくなったのだ。

二〇二一年一二月、陝西省《せんせいしょう》西安市《せいあんし》では新型コロナウイルス感染者のクラスターが発生、二三日から一三〇〇万市民の行動の自由の一切を奪う都市封鎖（ロックダウン）に入っていた。

天津市でもオミクロン株のクラスター感染が生じ、一四〇〇万市民全員の二回目のPCR検査を実施する一方で、「ソフト・ロックダウン（部分的ロックダウン）」という政策を実施。意地でも北京冬季オリンピック・パラリンピックを「ゼロコロナ」下で実施するつもりのようだった。

が、その陰でどれだけの非人道的行為が行われていたのか――。

西安市では二〇二二年一月一日、党中央政治局委員・孫春蘭《そんしゅんらん》副首相の名義で、北京冬季オリンピック・パラリンピック開催の一カ月を切る一月四日までに、「西安市で拡大中の新型コロナウイルスによる新規感染者をゼロにせよ」という無茶な指示が出された。二日の西安市の新規感染者数は九〇人以上……残り二日間でこれをゼロにするなど非科学的だ。

だが、この指示を受けて一月二日、陝西省党委員会書記の劉国中《りゅうこくちゅう》が、西安市防疫工作会議席上で「できるだけ早く『社会面清零』目標を実現せよ」と指示を出した。

「社会面清零」（社会的ゼロ）とはどういうことなのか？　これは、新型コロナウイルスに感染した人、感染の可能性がある人たちを社会から隔離し、その存在を消し去ること、いないものとすることだった。

感染者が出た「小区」（いわゆる団地）の前に大量の大型バスがやって来て、あっという間にすべての住民を連れ去った。行き先は郊外の隔離施設。そうすれば、少なくとも、その小区は社会的にゼロコロナが達成される。住民がいなくなれば、感染者はいなくなるからだ。

ターゲットとなった小区の住民は、何の前ぶれもなく、身の回りの必需品すら取りまとめる時間もほとんど与えられずに、老人から乳幼児、果ては妊婦までが一つのバスに詰め込まれ、目的地すら判明しないまま、郊外、たとえば西安から二〇〇キロ以上も離れた漢《かん》中《ちゅう》や安康《あんこう》の隔離施設に連れていかれた。

隔離されれば「社会」に存在しない

一部では、きちんとしたホテルを借り上げて隔離施設にしているところもあったようだ。ただインターネット上で確認した動画では、蛇口が一つあるだけで暖房すら備わっておらず、二段パイプベッドが四～五個設置されている小汚い部屋に案内された隔離対象住民が、「あまりに環境が悪い」と激怒していた。聞けば、配給の食事も人数分に満たなかったらしい。

そもそも感染拡大防止のための措置なのに、団地の居住者を何世帯も一緒くたにして、健康な人も具合の悪い人も区別せずにバスに乗せた。狭くて衛生環境の悪い部屋に隔離すれば、むしろ交差感染が起きやすい環境を作ることになるはずだ。

だが、隔離した人々のあいだで感染が広がっても、当局としては構わない。社会から隔離された段階で、彼らは社会に存在しない人々だ。存在しない人々の健康がどうなろうと、社会には関係ない。社会面清零とは、そういうロジックなのだ。

西安市は二〇二二年一月五日、「ウイルスとの戦いに勝利した。社会的清零を達成した」と宣言したが、その内幕はこういったことだったのである。

悲劇に見舞われたのは、こうした隔離施設送りになった人たちだけではない。前年の一二月二三日からロックダウンに入った西安市で、自宅で自主隔離をしていた市民たちは、物流の途絶《とぜつ》による食料不足や食料高騰に苦しみの声を上げていた。

当初は食料の買い出しのため、一世帯一人、二日に一回、市民の外出が許可されていた。西安市側も「食料や生活物資は十分にある」とアナウンスしていた。

が、流通が途絶えたため、商店ではあっという間に、あらゆる食料や生活必需品が不足した。ストックされていたわずかな饅頭《マントウ》を売る店には、長蛇《ちょうだ》の列ができた。外出制限ルールを破って外に買い出しに行こうとした少年は、暴力的に取り押さえられ、その動画がネットに流れた。

食料品は高騰し、特に野菜類は通常の一〇倍以上の値段が付いた。あるネットユーザーが、ＳＮＳでその日に買ったわずかな食料を並べて見せた。野菜、果物、数個の牛乳パック……合わせて一一二〇元（約二万二〇〇〇円）。

西安市の都市民の平均月収は四〇〇〇～五〇〇〇元だから、月給の四分の一をかけても、これほどしか手に入らなかったのである。

コロナではなく専制主義に殺された人々

やがて、その二日に一回の外出許可ですら取り消されると、その高い食料さえ手に入らなくなった。

食料の備蓄のある人が、そのわずかな食料をｉＰｈｏｎｅ、または高級たばこやコーヒー豆などの嗜好品《しこうひん》と交換した、といった話もネット上で流れた。飢《う》えた女性が「三日も米を食べていない」とＳＮＳでつぶやくと、「一回セックスしてくれたら食料を分けてあげる」というコメントが付いた。

中国官製メディアは、肉、卵、野菜などが入ったビニール袋を無料で各家庭に配送している様子などをさかんに報じたが、一三〇〇万人がロックダウンの対象になっているなかで、いったいどれだけの家庭が、その恩恵に浴していたのか。

中国メディアの二一世紀経済導報が、「雪中に炭を送る」のタイトルで、市が無償で食料配給しているという美談風の記事を書けば、一部ネットユーザーたちは、その食料配給を受けている住所「西安市新城《しんじょう》区尚朴路《しょうぼくろ》二三号院」が、西安市官僚の家族が集中して住む地域であると暴いた。無料食料配給で官僚家庭が優先されているのではないか、と炎上した。

さらに医療崩壊によって、失われる必要のない命が奪われた。

二〇二一年一二月二九日、西安市内で妊娠八カ月、二八歳の妊婦が、大量出血のすえ早産の危機に陥《おちい》った。救急車を呼ぼうとしても電話はなかなかつながらず、地元警察を呼んで病院に搬送してもらおうとしたが、どの病院も受け入れを拒否。新長安産婦人科医院に辿《たど》り着いたときは手遅れとなり、子どもは死産となった。

一月一日、やはり妊娠八カ月の妊婦が産気《さんけ》づいたが、PCR検査陰性証明が四時間過ぎていたというだけで病院から受け入れを拒否され、氷点下の院外の寒空の下で二時間待たされている間に出血。ようやく病院が受け入れたときは手遅れで、死産となった。さすがにこの問題は隠蔽《いんぺい》しきれず、西安市の衛生健康委員会は謝罪会見を開き、問題の病院は三カ月の閉鎖処分となった。

妊婦の早産問題だけではない。ある女性がSNSで、こう訴えた。父親が突然の心臓発作を起こして、手を尽くして病院の前に連れていっても、住居が「中リスク地域」に指定されていたことを理由に受け入れを拒絶され、数時間ねばってやっと手術してもらえることになったが、すでに手遅れになり亡くなってしまった、と。

定期的な透析《とうせき》治療、ガンや白血病の手術なども、予約が取り消された。彼らにとって命の脅威は新型コロナウイルスではなく、専制国家による融通《ゆうずう》の利《き》かない「ゼロコロナ政策」だった。

「代価」は庶民の命

この西安市の悲劇は、二〇二〇年春節ごろの武漢《ぶかん》の悲劇の再現といわれている。

地元フリージャーナリストで経済メディア財新の元敏腕調査報道記者だった江雪《こうせつ》は、この西安ロックダウンで起きた市民の悲劇を「長安十日」と題するリポートにまとめ、二〇二二年一月四日にSNS微信《ウエイシン》にアップ。国内外ネットで大いに話題になったが、結局、一月八日までに完全に削除された。

江雪は「長安十日」の末尾で、こう語っていた。

「（コロナとの戦いに勝利するために）我々は一切の代価を惜しまないという。このセリフはなかなか良いのだが、具体的に普通の個々人が体感する『惜しまない』というのは、

『我々』なのか、それとも『代価』のほうなのか？」

ゼロコロナ実現のために代価として支払われるのは庶民の暮らし、いや命そのものだった。

二〇二二年二月四日に開幕した北京冬季オリンピックは、すなわち、そうした多くの普通の人々の暮らしや命を代価に、ゼロコロナ環境で行われた。専制国家だからこそ達成できたゼロコロナ環境で、専制国家だからこそ実現できたのが北京冬季オリンピックだ。

本当に残酷なのは、そんなオリンピックの裏側で、どれほどの代価が支払われているのか想像もせずに、スポーツの祭典を楽しんだ人々かもしれない。

4 ロックダウン「残酷物語」

暴力的な「ゼロコロナ政策」の実態

二〇二二年三月二八日から、全市を東西に二分割して、上海でロックダウンが始まった。浦東《ほとう》側を二八日未明から四月一日未明まで、浦西《ほせい》側を四月一日未明から五日未明まで封鎖し、二五〇〇万人の市民全員にPCR検査を行った。

だが、オミクロン株の感染拡大は防げず、一日当たりの新規感染者が二万人を超えるまでになった。封鎖は一一日まで延長され、一四日のあいだ感染者が出なかった地域から封鎖が解除されることになった。

中国一の国際ビジネス都市、国際金融都市の上海がこうした全面的なロックダウンになるとは、いったい誰が想像したことだろう。

三月に入って深圳《しんせん》や長春《ちょうしゅん》などの都市が封鎖されても、多くの市民は「上海だけは大丈夫だ」と思っていたし、また専門家たちも「ロックダウンは行わない」という見通しを語っていた。だが二七日午後に突然、「二八日からロックダウンする」と告げられた市民は、半分パニックに陥《おちい》り、食品の買い占めに走った。

その後の上海では、二〇二〇年初春に行われた武漢のロックダウン以上の「残酷物語」が展開された。武漢のロックダウンの残酷さは、拙訳の廖亦武《リヤオイウ》の実録小説『武漢病毒襲来』（文藝春秋）を読んでほしい。あのときも阿鼻叫喚《あびきようかん》の光景が展開されたが、上海の場合はもっと不条理だった。感染者のほとんどが無症状であったからだ。

また上海以上の感染者が出ている欧米の都市では「ウィズコロナ」の段階に突入し、マスクすら着けない地域も出ていた。中国だけが、徹底して、暴力的な「ゼロコロナ政策」を実施していたのだ。

市民はまず「自宅から一歩も出るな」と命じられた。この禁を破った市民は、白い防護服を着た当局者に暴力的に制圧された。その暴行の様子が、かつての文化大革命（文革）時代の紅衛兵《こうえいへい》のリンチに似ていることから、彼らは「白衛兵《はくえいへい》」と呼ばれた。

また、ボランティアを名乗る共産党員の管理者たちは赤いベストを着けており、彼らも家から出ようとする市民を横柄《おうへい》に制圧したので、「赤ベスト」も恐怖の対象となった。

公共交通機関はすべて停止、当局から特別許可を得たわずかなエッセンシャルワーカーの移動や運搬車両以外のすべての車が路上に出ることを禁止された。若干《じやつかん》のデリバリー業者の移動は許可されていたが、注文が殺到し、機能不全に陥った。まさに、SF小説のような物流と人流の断絶が起こった。

飢えに耐えきれず集団略奪

食料は、区の行政担当が、社区や小区と呼ばれる住宅地ごとに管理者を通じて配給することになっていた。しかし全市民にくまなく、しかも滞《とどこお》りなく配布するなど無茶な話で、日中、摂氏《せっし》二〇度以上の気温となるなか放置された食料が、各世帯に届く前に傷《いた》んでしまうこともしばしばだった。地域によっては食べるものが底をつき、深刻な飢えに直面した。

わずか四日の都市封鎖と思うかもしれないが、実は社区ごと小区ごとの封鎖は三月に入って断続的に起きており、地域によってはすでに一〜二週間、家のなかに閉じ込められている人もいた。飢えの恐怖に駆られ、マンションやアパートの窓から「食べ物をくれー！」と叫び出す人もいれば、徒党を組んで抗議活動をし、あるいは集団で略奪などを行い、防護服の当局者と衝突するケースもあった。

上海市松江《しょうこう》区九亭鎮《きゅうていちん》の集合住宅では、住民が飢えに耐えきれず、スーパーマーケットで集団略奪を行った。略奪や防護服姿の警官隊と衝突する様子が動画となり、ネット上に流れた。銃声が聞こえる激しい映像だが、地元警察当局は、「これはフェイクニュースだ」と公式に主張した。

餓死した人、あるいはストレスに耐えきれず飛び降り自殺する人もいたようで、高層アパートの窓から人が飛び降りる様子を映した動画がネットに流出した。

また、地方から出稼ぎに来ていた人たちのなかには、飯場《はんば》や仮設の宿舎が封鎖されたため路頭に迷い、橋の下などで雨露を凌《しの》いでいるうちに病気になる人もいた。仮に住まいがあったとしても、出稼ぎ者には配給食料が届かず、市民との格差がトラブルのもとになった。

病人たちも悲惨な目に遭った。透析《とうせき》など必要な治療を受けることができずに手遅れになる人が相次いだ。

上海は北京に次ぐ先端医療集積地であり、正常な状態であれば、一日に平均八五〇〇件ほどの手術が行われていたはずだ。新型コロナウイルス肺炎の重症化による死者よりも、適切な治療を受けられず、その他の病気で亡くなる人の数が多かったのは確かだ。

SNS上では、「透析治療が受けられない」といった悲鳴、「ガンの化学療法が中断されたために家族が瀕死の状態に陥った」という訴え、「必要な痛み止めを病院から入手できずに苦しんでいる」といった声があふれていた。

隔離施設で汚物にまみれる乳幼児

ＰＣＲ検査も恐怖だった。検査に動員された人のなかには、正規の医療従事者でなくボランティアもいて、乱暴に綿棒を鼻に突っ込んでぐりぐりと回す。相手が乳幼児であっても老人であっても手加減なしだ。ＰＣＲ検査中に乳幼児が心停止して、必死に心臓マッサージを行ったり、老人が昏倒《こんとう》してしまう様子を映した動画までネット上に流れた。

また、親が陽性と診断されると、その子どもたちも隔離施設に収容された。世話をする人手が足りず、オムツすら換えてもらえずに泣き続ける赤ん坊や、汚物にまみれてお尻が赤くただれた乳幼児の姿などを映した動画も流出した。飼い主が隔離されたため、残されたペットの犬を撲殺《ぼくさつ》して処分したことを示す動画も流れていた。

そして、これだけはいっておきたい。流通の寸断は経済の死を招く。結果、二〇二二年九月発表の世界銀行が予測した中国ＧＤＰ成長率は、二パーセント台に下方修正された。

流通業を支えるトラック運転手の境遇も悲惨だった。上海を通過したトラック運転手たちは、高速道路に乗るときも降りるときも、厳しいチェックを何重にも受けた。また「上海を通過してきた」というだけで運転手は激しい差別に遭い、飲食店や休憩所に入ることも拒否された。

彼らは何日も狭い車内から一歩も出ることなく、通常の何倍もの時間をかけて貨物を運び続けていた。そんな車内での生活を二七昼夜連続していた運転手が、中国メディアで紹介された。「布団の上に横たわりたい」「米の飯を食いたい」……屈強そうなトラック運転手が、涙目で訴えていた。

こうした封鎖の管理を行うのは居民委員会と呼ばれる末端組織だが、あまりの激務と住民とのトラブルに疲弊《ひへい》して、集団辞職する例が相次いだ。

一方、一部の区や鎮では、「職務怠慢や配給物資の横流しなどが行われた」と地域住民が告発した。すると上海市閔《びん》行《こう》区の書記や鎮長ら三人が「感染防止努力が足りない」として免職になった。

上海のゼロコロナ政策は権力闘争

二〇二二年四月九日、上海市感染予防コントロール指導チームの専門家で、復旦《ふくたん》大学上海医学院副院長の呉凡《ごぼん》は、中国メディア澎湃《ほうはい》新聞の取材に対し、「動態清零（ゼロコロナ政策）は揺るがない」と繰り返した。

だが、その発言を注意深く読めば、中国製ワクチンの免疫力が不十分であるためにゼロコロナ政策をやめられないことがうかがえた。中国製ワクチンの効果はファイザーやモデルナよりよっぽど低い。同じ日、習近平は上海の状況には一切触れず、「コロナ政策は成功した」と発表した。

筆者は一九九八年から一年間、上海に留学したことがある。地元の人たちは、「上海市には中国で最も国際的で成熟した都市文明がある」と胸を張っていた。上海は中国の高度成長のエンジンであるという自負があったのだ。その上海出身の官僚政治家グループが、いわゆる江沢民らを筆頭にした上海閥《ばつ》であり、習近平の政敵に当たる集団だった。

ふと、上海でゼロコロナ政策を徹底させたのは、権力闘争的な意味合いもあったのではないか、という考えが浮かんだ。鄧小平《とうしょうへい》の改革開放によって最も恩恵を受けた大国際都市を封鎖してみせ、中国で最も西洋文明にかぶれた市民たちに習近平路線というものを思い知らせてやろう、そう考えたのではないか。

だとすると、これはコロナ禍ではなく、政治災害である。いや、習近平による厄災《やくさい》だ。そして、この厄災は、おそらく国内に留まらない。

5 ウクライナに取り残された中国人留学生の悲劇

中国人留学生は爆撃で死んだのか

ウクライナで戦争下の二〇二二年三月三日夜、第二の都市・ハルキウのウクライナ・ハルキウ国立文化学院の学生宿舎が爆撃された。少なくとも一三人の学生が死亡し、そのなかに中国人学生四人とインド人学生一人、そしてウクライナ人学生二人が含まれていたとウクライナメディアが報じた。

翌日、中国共産党系メディア環球時報のネットサイトが在ウクライナ中国大使館からの情報として、「中国人留学生がハルキウ国立文化学院の爆撃で二人死亡した、というニュースは事実ではない」と報じた。果たして留学生に死者は出たのか？　戦火のウクライナに取り残された中国人たちは、一体どんな目に遭ったのか？

中国外交部報道官の汪文斌《おうぶんひん》は、三月三日の定例記者会見で、ウクライナにおける中国人の避難状況に関し、「目下すでに三〇〇〇人の中国人公民がウクライナから安全に周辺国家に逃げた」と発表した。開戦時、ウクライナに取り残され、脱出を希望していた中国人は六〇〇〇人以上いたので、戦争が始まった二月二四日から一週間経っても、半分しかウクライナから脱出できていなかったことになる。

三月三日夜の爆撃によって死亡したという報道で名前が判明したのは二人、金天浩《きんてんこう》と李《り》志《し》という。だが、ウクライナにある中国大使館は、この中国人留学生の死亡情報について否定した。中国メディアCGTN（中国国際テレビ）は、「二人の学生がハルキウを脱出する途中、銃撃を受けて負傷した」とだけ報じていた。この件に関しては情報が錯綜《さくそう》していた。

ネットでは、中国人留学生がたくさん身を寄せ合って、風通しの悪そうな建物のなかで戦火を避け、身を潜めているような写真が流れ、ウクライナの中国人留学生の発言も拡散されていた。

ある留学生はこういっていた。

「私たちは全員で一三八人いる。まだウクライナのスムイ州から脱出できていない。関係部門（中国大使館など）に帰国の協力を依頼している。私たちはみな留学生で、家に帰りたい」

山東省から来た別の留学生は、動画をアップして助けを求めていた。

「私はパスポートを失くしてしまった。パスポートがなければ、ルーマニア国境まで逃げても、国境を越えられないのではないか。ルーマニアの中国大使館に連絡を取ってもらって、国境で私たちの越境の手助けをしてくれるよう、メディアに頼んでほしい」

何の支援もしなかった中国大使館

現地入りしているBBCは、沈《ちん》という名の中国人女子留学生を取材し、次のように報じていた。

「スムイ州の三つの大学で中国人留学生二〇〇人が現地から動けずにおり、パニックが広がっている」「学校に暮らす学生は毎日、狭い防空壕《ぼうくうごう》で身を寄せ合って眠り、学校が提供する限られた物資で生活している」……。

沈は戦争が始まる前に、他国の駐在員の友人から「一緒にウクライナを脱出しよう」と誘われたが、中国大使館が避難勧告を出していないので断ったのだという。

二月二五日になって大使館は、ようやく在ウクライナの中国人に対して「帰国のためにチャーター便を出すので、希望者は登録するように」と通知した。すぐに沈は登録したが、そのまま戦況は悪化……二月二八日にスムイ州の軍事基地が攻撃され、鉄道も破壊されて、身動きが取れなくなった。だが大使館側からは、連絡も支援も何もなかった。

困った彼女は三月はじめに大使館に連絡したが、自力で脱出するように提案されただけだった。地元には華人商会や同郷会などもなく、若い留学生たちにバスや車を調達するカネもコネもなかった。

「私は祖国を信じ、大使館を信じた。なのに、大使館は、私たちが自力で逃げるチャンスすらつぶした」

彼女の声は怒りに震えていた。

これ以前にもネット上で、匿名の中国人留学生が中国大使館にホットラインで救援を求めた際の電話音声が公開され、大きな議論を引き起こしていた。九分に及ぶ録音のなかで、その女子学生は涙声で「助けてほしい」と訴えていた。

このとき中国大使館の職員は、「列車に乗って西部のリヴィウ市にまず移動せよ。もし自分で避難できないなら、次のチャーターバスを待つように」とアドバイスしたあと、「もう大人なんだから（泣いていないで自分でなんとかせよ）」と突き放した。女子学生は絶望して、「国を信じるにはどうしたらいいのか？」と反論していた。

ネット上では、同情する声よりも、「女子学生が国家に迷惑をかけている」「自己責任を知らない巨大な赤ん坊だ」などと批判する声が多かった。この録音は、微博《ウェイボー》上では、すでに削除されている。

プーチンに騙されたふりをした習近平

こうしたウクライナの中国人、特に留学生に対する冷酷な中国当局の仕打ちについて、ラオス在住の華人評論家・王竜徳《おうりゅうとく》は、アメリカ政府系のメディア、ラジオ・フリー・アジアで以下のような怒りのコメントを炸裂《さくれつ》させている。

「ウクライナで中国人留学生が爆撃に遭っているのに、中国大使館は積極的に助けに行かず、善後策も次善の策も採っていないなんて」

同じく河北省の匿名の元国際メディア編集者も、当局の姿勢をこう批判した。

「ほとんどの外国人がすでに退避しているのに、中国人だけが残っている。これは奇妙なことだ。

おそらく中国は、関係の良いロシアが四八時間以内にウクライナ全土を制圧するものと考えていたからではないか。ロシアとの関係が良いなら、ハルキウからポーランドまで、この戦場を越えていくのは、別に難しいことではないから」

比較的自由に発言できる在外華人評論家たちは、こうした状況について疑念を抱いているようだった。

ロシアは「ウクライナには侵攻しない」と公式に発言してきたので、中国はこれを信じ、ウクライナの同胞に避難勧告を行わなかった。ただ、ニューヨーク・タイムズが報じているように、二月四日の北京冬季オリンピック開幕式に際しプーチンが習近平と会談したとき、中国側がロシアに対しウクライナ侵攻をオリンピック閉幕まで延期するように頼んだ、という説もある。

これが真実ならば、少なくともオリンピック閉幕後に戦争が勃発《ぼっぱつ》するという想定は行われていたことになる。

これは習近平がプーチンに騙されたのではなく、習近平がプーチンの建前を信じているように見せて、中露信頼関係を維持するため、あえて同胞たちへの避難勧告や帰国支援を行わなかった、ということではないか。

王毅外相の発言に見る中国の残忍性

習近平は、オリンピック開催中にウクライナ侵攻をしないようにプーチンに釘を刺すことは忘れなかったが、そこで得た猶予《ゆうよ》期間を同胞救出に充《あ》てることはしなかった。

それは、ロシアが圧倒的な武力で四八時間以内にキーウを占領し、軍事行動終了後は、ロシア軍が中国人留学生を保護してくれるだろうと見積もっていたからかもしれない。もしくは、中国旗を掲げていれば中国人は攻撃されない、と本気で思っていたからかもしれない。

だが、結果的にその目算《もくさん》は大きく外《はず》れ、中国人留学生は戦火のなかに取り残された。習近平がプーチンに肩入れしすぎたせいで、中国人は現地でウクライナ人から嫌われた。それによって、さらに自力避難が困難になった。そうした見方もある。

のちに中国は、あたかも国際社会と足並みを揃えて調停役を担《にな》うかのような素振《そぶ》りを見せたが、国家戦略を優先させて自国民を戦火のなかに放り出すような国家が、どうして敵対する二国の信頼を得て調停役を務めることができるのか。

全人代（全国人民代表大会）での王毅《おうき》外相による特別記者会見では、ウクライナに取り残された中国人についての質問が出た。すると王毅は、こう答えた。

「あるネットユーザーが、こんなコメントをしていた。我々は決して平和な世界で暮らしているわけではないが、非常に幸運なことは平和な祖国があることだ。我々はすべての海外の同胞たちに行動をもって告げたい。どんなときでも、どこにいても、あなたのそばに我々がいる。あなたの後ろには祖国があるのだ」

「助けて」という留学生の悲鳴の電話を突き放し、こんなことを国内外メディアに向かってケロリといえる中国の残忍性を思えば、今後どんな形であれ、中国の発信を信じるわけにはいかない。

こうしたことを、全日本人は、肝《きも》に銘《めい》じるべきであろう。

6 恐怖……銀行の預金が突然消える!

消えた庶民の八〇〇〇億円

二〇二二年七月一〇日、中国河南省《かなんしょう》鄭州《ていしゅう》市の中国人民銀行鄭州支店前で数千人規模のデモが起き、警官隊や「白シャツ」姿のグループと激しく衝突した。その様子はインターネット上に動画でアップされ、SNSを通じて拡散されたが、あっという間に削除されていった。

目から血を流す男性がいた。子どもや老人、果ては妊婦まで殴られていた。昏倒している人もいた。彼らは何を訴えていたのか?

「李克強《りこくきょう》! 河南を調査せよ!」「河南の腐敗に反対する!」「銭は命だ!」「預金を返せ!」……これは四月から続いてきた、河南省の村鎮銀行(農村向け小規模金融機関・旧農村信用社)の預金消失事件の被害者が、怒りに駆られて起こしたデモだった。

銀行に預けていた預金が突然、消える。なぜ、そんなことが起きるのか? そして、その問題で、なぜ人々は血まみれになりながらも李克強の名前を叫ぶのだろうか?

事件のあらましを簡単に振り返ろう。

四月一八日ごろから、河南省などの複数の村鎮銀行で、インターネット金融プラットフォームを通じて作った口座などから預金が消える事件が相次いだ。具体的には、百度傘下《バイドウ》の「度小満金融《どしようまん》」、小米傘下《シヤオミ》の「天星金融《てんせい》」、中国人寿《じんじゆ》ホールディングスの「濱海国金《ひんかい》」などを通じて村鎮銀行の預金商品を購入したケースだ。

そして、消えた口座の預金が最も多かった村鎮銀行は、河南省の禹州《うしゆう》新民生村鎮銀行、上蔡恵民《じようさいけいみん》村鎮銀行、柘城黄淮《しやじようこうわい》村鎮銀行、固鎮新淮河《こちんしんわいが》村鎮銀行など。被害総額は初期の推計で四一万口座以上、四〇〇億元（約八〇〇〇億円）に達した。

五月ごろから預金者たちは、数百人単位で河南省鄭州市の中国銀行保険監督管理委員会（現・国家金融監督管理総局）の周りで、「貯蓄を返せ」の標語プラカードなどを手に持ってデモを行い、地元警察と小競《こぜ》り合《あ》いを繰り返していた。

河南省当局は、預金者が銀行に殺到して取り付け騒ぎになるのを怖《おそ》れ、新型コロナウイルス感染予防のためにダウンロードが義務付けられている健康コードアプリを利用した。

この健康コードアプリは、赤、黄、緑に利用者を色分けし、赤は感染者、黄は感染可能性濃厚を意味し、コードの色によって外出が制限されていた。もし赤や黄のコードで外出すると、強制的に隔離されても文句はいえないことになっていたのだ。

アプリは本来、コミュニティで感染者が確認されると、その地域の住民の健康コードの色が変わり、住民の移動を管理・コントロールするために利用されるのだが、河南省は預金者のコードを赤や黄色にして、預金者を外に出さないようにしたのだ。

当然、預金者たちは、PCR検査で陰性が証明されているのに健康コードアプリの色が赤になるという異常な変化に気づいた。すぐに、この状況がSNSで拡散された。

アメリカに高飛びした董事長

また、中国メディア財新の取材によれば、河南省に入った時点で、預金者四一万人が、健康コードアプリを通じて公安の「110予警システム」に自動的に登録されたという。この「110予警システム」は、本来、前科者や麻薬常用者の監視に使われていたものだった。

人民の健康を守るためのアプリが、政府の都合の良いように人民の移動を制限するために使われた。その事実が暴露されてしまった。

このことは人民の怒りを買い、ネットで炎上。結局、鄭州市監察委員会は、その責任を取らせる形で感染予防コントロール指揮部部長を免職し、健康コード管理を担《にな》う鄭州市ビッグデータ局の職員や、国有企業の鄭州ビッグデータ発展公司副社長らを処分せざるをえなくなった。

一方、河南省の村鎮銀行の件については、六月中旬に公安当局が家宅捜索を行い、経済犯罪として本格捜査に乗り出した。

からくりを簡単にいえば、銀行幹部と株主が結託して、中国銀行保険監督管理委員会規定の手続きを悪用した偽のシステムを作り、第三者の企業と本物ではない口座プラットフォームを運営していたのだ。

銀行の信用が担保となって、第三者の企業が作った年利九～一〇パーセントの高利率預金商品に、預金者は誘い込まれた。預金者は自覚がないまま預金をインターネット上の金融プラットフォーム経由で、銀行保険監督管理委員会当局の規制を受けない金融口座に送金していたことになる。

預金者からすれば、銀行内の割のいい定期預金への預け替えのつもりだったろうが、実は銀行システムを経由したものではなく、何の保護もされていなかったのだ。

二〇二一年から本格化した不動産バブルの崩壊で、多くの不動産プロジェクトが頓挫《とんざ》し、地方銀行の投融資が焦《こ》げ付いた。もとより保護されないこうした預金商品が元本ごと吹っ飛んだ。これら銀行の大株主である河南新財富集団は、実は二月の段階で企業登記が抹消され、董事長《とうじちょう》（会長）の呂奕《ろえき》はすでにアメリカに高飛びしていた。

河南金融界を牛耳る金融マフィア

これらの村鎮銀行は河南新財富集団と許昌《きょしょう》農村商業銀行が共同で設立し、実際の運営は河南新財富集団が行っていた。

中国では、一般には銀行業務の許可を得るためには非常に厳しい条件が課されるのだが、村鎮銀行に限っていえば、設立条件がかなり緩い。それは、業務が地元の農民や零細《れいさい》企業を対象にした極めて狭い範囲に限定されているからだ。

だが、インターネット金融プラットフォームを通じれば、こうした地域の制限に抜け道を作ることができる。そのため被害は全国に広がった。

河南新財富集団は、インターネット金融プラットフォームや資金ブローカーを利用して、銀行預金の名義を借りて理財商品を設計し、二〇一一年からおよそ一〇年にわたって銀行預金者の資金を違法に吸収した。河南省許昌市公安当局は二〇二二年四月中旬に捜査を開始し、容疑者を逮捕、一部資金を差し押さえたというが、多くの預金はすでに泡と消えていた……。

この事件の主犯である呂奕は、一言でいえば、河南省の金融界を牛耳《ぎゅうじ》ってきた金融マフィアだ。一九七四年生まれの河南省出身者だが、国籍はキプロス。集団傘下の一〇〇以上の企業を通じ、およそ三〇以上の地方商業銀行、農商銀行、村鎮銀行に投資してきた。自称、駐リベリア中国投資代表、キプロス・アフロサイダ投資集団会長である。

その錬金術は、いかにも中国の時代性を反映している。

二〇〇三年に河南省の蘭考《らんこう》から沈邱《しんきゅう》までの蘭尉《らんい》高速道路建設を引き受けた建設企業の社長が呂奕だったが、このとき、高速道路の将来の使用料金を抵当に銀行から道路建設資金の融資を受けた。その一部を金融機関の株に投資し、さらにその株を抵当に融資を受けて別のプロジェクトに投資、といった具合に資金を増やしつつ、金融業の内部に浸透していった。

この浸透工作のプロセスで賄賂《わいろ》を使い、銀行トップや政府トップを闇の錬金術の共犯にしていった。元鄭州銀行副頭取の喬 均安《きょうきんあん》や元中原銀行副会長の魏傑《ぎけつ》、元中原銀行書記の竇栄興《とうえいこう》が、この件に関与する形で失脚した。

「無能な習近平派と代われ」

さて、こうした事件は、二〇二二年秋に第二〇回中国共産党大会（党大会）を控えていたため、当然、権力闘争も絡《から》んでいた。実際、習近平派は、「こうした河南の腐敗体質を作ったのは李克強だ」という批判を展開しようと画策した痕跡がある。李克強は二〇〇三年まで河南省の党書記を務めていたからだ。

だが、これは不発に終わった。まず、呂奕らが暗躍し始めたのは、李克強が遼寧《りょうねい》省党書記に転出したあとのことだったからだ。

それよりも、二〇二一年六月に河南省の党書記に就任した楼陽生《ろうようせい》は習近平の腹心なので、習近平派官僚の無能に対する不満が高まった。河南省では二〇二一年夏に大水害が起こったが、その際に適切な対応ができず、地下鉄五号線や京広北路トンネルが水没して、大勢の犠牲者が出た。こうした問題もあるので、楼陽生は河南人民から嫌われていた。

だから、「李克強よ、（無能な習近平派に代わって）河南をなんとかしろ！」というシュプレヒコールが響き渡ったわけだ。

命ともいえるカネを奪われ、移動の自由も奪われて、恨みを募らせてきた地方の人民の怒りが、中央の権力闘争を激化させる——そんな空気が河南省から広がり始めていた。河南省以外でも、似たような騒動が各地で散発していた。多くは習近平の腹心が書記を務めていた省だ。

ひょっとすると数年後には、こうした人民の怒りが共産党体制を倒すまでに至るかもしれない。

だが、人民の怒りの爆発によって政治と社会を変えるまでに、一体どれだけの個人の富が収奪され、自由が奪われ、人民が苦しめられ続けなければならないのだろうか——。

7 使い捨てられる解放軍兵士たち

スマートデバイスで兵士の生理指標を収集

二〇二二年八月の中ごろ、中国の解放軍報に興味深い報道があった。「陸軍某旅団におけるスマートデバイスをはめ込んだ戦時心理工作」と題された記事だ。

戦場の恐怖に直面したときの兵士たちの心理状態や緊張状態を司令部が掌握できるように、スマートデバイスを兵士の腕に装着して生理データを取り、適宜《てきぎ》カウンセラーが心理カウンセリングを展開するなどして、任務を遂行《すいこう》できるようにアシストするシステムが、ある旅団で導入された……という内容だ。

スマートデバイスを使えば、兵士たちの生理指標や表情からの情報を継続的に記録し、そのデータのフィードバックによって、兵士の心理状態をリアルタイムに判断できる。アーカイブで保存することも可能だ。戦時の心理状態を改善し、ストレスを予防することもできるそうだ。

そのうえで、この旅団に対して厳しい心理ストレス訓練を行うとしていた。砂浜上陸、密林秘境行軍、厳重包囲網突破など多くの模擬戦場で、戦闘車両や火炎放射器などによる迫真の攻撃を再現し、兵士に実戦さながらのストレスをかけるのだという。

記事では、事ほど左様にハイテク技術を使って兵士の心理的な素質を鍛え上げ、来《きた》る戦争における多くの課題改善が大きく進展している、と称賛されていた。

この工作について様々な見方、評価があろう。一つは、習近平政権が、やはり本気で将来的に戦争を起こすつもりで準備を進めていたのではないか、という見方である。

台湾統一は、習近平が経済、外交、新型コロナウイルス感染対策などで犯した数々のミスを相殺《そうさい》するために掲げる大目標だ。五年の任期内に実行するか、少なくとも実行できる可能性を見せることが重要だった。失策続きの習近平が党中央の核心として権力を維持するための条件といっても良かった。

だからこそ、「弱い軍を強く鍛え上げなければ」と焦《あせ》って、このようなことを始めたのだという見方だ。

兵士が装備するリモート爆発装置

まったく違う見方としては、在ニューヨーク華人評論家・陳破空《ちんはくう》による「このような兵士管理はひどい人権侵害である」というものがある。

そして陳は、以下のように指摘する。

「中国共産党は、嫌がる兵士を心理的に監視し、強迫観念を利用して戦争に駆り出そうとしている。ハイテク機器を使い、兵士の内心の自由すら許さないのは、彼らを戦闘兵器として使うのと同じではないか」

実際のところ、兵士の体調管理のために多くの国家がアップルウォッチを採用している。だが中国共産党は、これに似たシステムを、兵士の健康管理のためではなく、戦意を持たない兵士を強制的に戦わせるために使おうとしている。

「ハイテクを使って人の内心を支配するという、越えてはいけない一線を越えようとしている」と指摘する声もある。

関連して、気になるニュースがあった。

二〇二一年一月、チベット軍区に最新の作戦システムを導入したというCCTV（中国中央テレビ）の軍事チャンネルの報道だ。これは「単兵デジタル化作戦ナビゲーションシステム」というもので、測位システム機能と音声情報転換・情報処理などの機能が一体となったものである。

兵士のヘルメットには衛星無線および暗視カメラが付けられ、腕のデジタル端末を通じて指揮センターの営長から兵士一人ひとりに直接、作戦指示が出せる。高山や雪原など、隊として集団行動が取れないような過酷な環境で単独作戦を遂行するシステムとして紹介されていた。

だが驚かされたのは、このシステムにリモート爆発装置が付いていることだ。仮に兵士が単独作戦任務に失敗して敵の捕虜となった場合、情報漏洩《ろうえい》を防止するため瞬時に兵士の命を奪い、システム自体を破壊する機能がある、と解説していた。

解説には「兵士の尊厳を守るため」の爆発装置とあったが、本当の目的は、敵前逃亡を予防し、あるいは敵に投降したり寝返ったりするのを防ぐためだろう。

インドとの国境に駐屯する兵士の多くはチベット人だ。チベット人弾圧を続けてきた共産党政権が、チベット人兵士を完全に信頼するわけがない。だからこそ、この悪魔のようなシステムを創造したのではないかと疑われた。

迷彩服を着た小学生が踊る国防ダンス

こうした動きを踏まえて、二〇二二年九月一日に中国共産党中央委員会、国務院、中央軍事委員会の三部門から出された「新時代の全民国防教育国策強化に関する意見」を読むと、その内容を考えさせられる。つまり、この「意見」は、習近平の軍国主義宣言と読めるのだ。

「意見」によれば、全国民に対し「崇軍尚武《すうぐんしょうぶ》」の思想と強国強軍の責任を負う気持ちを強化させ、国防に関心を持たせ、国防を熱愛させ、国防を建設させ、国防を全社会思想のコンセンサスとして行動させることを明確にするために、小中高校の授業に「国防教育」を組み入れるという。大学入試の問題にも入れ、学校の成績評価システムに組み込むことも要求している。

また、指導幹部にも国防教育を行い、企業、学校、各種メディアといった民間機関の責任者に対する国防教育も強化し続けることを要求した。

さらに各省・自治区・直轄市《ちょっかつし》には、国防色を鮮明にした「全民国防教育基地」建設を推進するよう求めた。これは大衆に対する国防教育活動の拠点となるものだ。当然、メディアに対しても、国防教育の宣伝を強化するよう世論を誘導することを要求している。

この「意見」発表後、ある小学校の国防教育の様子がネット動画に流れた。赤い星の付いた迷彩服を着た小学生が、親の前で国防ダンスを始める。親たちは涙ぐんでいる。感動で泣いている……いや、すでに子どもが戦争に行くことを想像して泣いていたのではないか？

二〇一五年まで一人っ子政策が継続された中国。多くの親たちにとって、子どもはたった一人しかいない。本当なら高等教育を受けさせ、できれば海外に留学させて、こんな息苦しい中国から脱出させたかったのではないか？

だが、いまは塾の新設などが禁止になり、出国も以前よりずっと厳しく、海外で人文系学問を学ぶのも制約を受けるようになった。その一方で解放軍兵士の募集は、二〇二二年から、大学生や大卒生がターゲットに含まれるようになった。大卒の就職難の新たな受け皿は軍というわけだ。

軍は、特に理工系や技術系の高学歴者にターゲットを絞っている。ハイテク監視強化に技術者が必要だからなのだろう。

台湾の若者が徴兵制延長を支持する背景

二〇二二年二月に始まったロシアによるウクライナ侵略戦争で、すぐに投降すると思われたウクライナ軍は民兵とともに果敢に抗戦し、一時はロシアを押し込み、長期にわたり戦いを挑んでいる。

こうした状況を最も真剣に受け止めた国の一つは、中国からの軍事的脅威をリアルに感じている台湾だろう。台湾では二〇二四年より、四カ月にまで短縮されていた徴兵制を一年に延長した。

私は二〇二二年八月下旬に台北《タイペイ》を訪問し、若者たちから国防意識について話を聞く機会があったが、当時、意外にも徴兵制延長に反対する人は少なかった。

「ウクライナが国家を守り続けているのは徹底抗戦しているから。私たちが戦わなければアメリカも助けてはくれない」

戦争が起きたとき、なぜ兵士は逃げ出さずに戦えるのか？　それは自分の家族や大切な人々とその暮らしの基盤である祖国を守りたいからだろう。

だが、習近平が起こすかもしれない戦争は、祖国を守るためのものではない。習近平の野望のためだけに、兵士たちは、平和に暮らす人たちを攻撃し、侵略しろと命令される。あまつさえ、その銃口を同じ言語を使い、かつては同胞と呼んだ人々に向けることになるかもしれない。

だからこそ、習近平政権は子どもを洗脳し、兵士の内心まで監視強化しようとしているのだ。

こんな隣国の恐ろしい動きを見て、日本人はどう考え、どう行動するのか？　台湾の若者のように、「私たちが戦わなければアメリカも助けてはくれない」と答える日本人は、一体どのくらいいるのだろうか——。

8 労働者の血と涙の道――「一帯一路」

一帯一路で「奴隷」として働く中国人の悲劇

東ティモールという東南アジアの小さな独立国に取材に行ったときのこと。中国の建設企業が道路建設工事を請け負い（そのなかには日本の政府開発援助のプロジェクトもあった）、現場で中国人労働者が働いているのを目撃した。

地元のガイドは、「彼らのマナーが悪く、現地の文化を軽《かろ》んじ、我々の国が中国人に乗っ取られそうだ」といい、さらには工事の粉塵《ふんじん》で周辺農民に健康被害が出ていることなども訴えていた。

だが、いま思えば中国人労働者たちも、きちんとした粉塵予防の装備もないまま、言葉も通じぬ異国の灼熱《しゃくねつ》の太陽の下で、重労働をさせられていたのだ。「一帯一路は中華式植民地主義だ」と非難されてきたが、彼ら中国人労働者もまた労働被搾取者ではなかったか。

そう思い出したのは、二〇二一年にニューヨークに本部のあるNPO「中国労工観察」（チャイナ・レーバー・ウォッチ）が出したリポートを読んだからである。そこには海外の一帯一路建設に従事する中国人労働者の「奴隷契約」の実態が暴かれていた。中国の強制労働問題は、南新疆《みなみしんきょう》の綿花農場でのウイグル人に対する労働搾取だけではないのだ。

二〇二〇年八月から二一年四月まで、中国労工観察がアジア、中東、アフリカ諸国の一帯一路建設現場で働く一〇〇人近い中国人労働者、市民記者、ボランティアにインタビューしたところ、こうした残酷な労働者搾取の実態を示す証言がいくつも集まった。

それによると、まず彼らは中国各地で労働者として募集されるが、その募集要項自体に虚偽の約束や詐欺《さぎ》まがいの契約などがある。そして現地に着くとパスポートを取り上げられ、行動の自由を制限される。

また、異国の地であるという理由で中国の労働者権利保護の法規は無視される。休日はなく、賃金の未払いも当たり前。もし労働者が仕事を辞めたいと思っても、非常に高額な違約金を請求される。病気や怪我《けが》をしても医療を受けられず、劣悪な生活と労働環境のなかで安全への配慮は欠け、設備や装備も不足している。

建前上、不服申し立てや人権を守るメカニズムがあっても極めて非合理的で役に立たず、労働者の言論の自由は著《いちじる》しく制限される。加えて、抗議を行った労働者のリーダーには厳しい懲罰が科される。

中国の公式発表では、毎年九〇万〜一〇〇万人の中国人労働者が海外に派遣されているという。だが実際は三〇〇〇万人以上で、多くが合法的なビザを持たず、登録もされずに派遣されている。一帯一路の労働者は、強制労働というより、もはや人身売買による「奴隷労働」だ。

二〇〇〇年に国連で採択された「国際組織犯罪防止条約」を補足する人身取引議定書、いわゆるパレルモ議定書によれば、人身売買とは、同意のあるなしにかかわらず、募集行為によって関係者に対し侵害、詐欺、詐取、強制、暴力がもたらされることが要件となる。

社長が一切を仕切る監獄と同じ

一帯一路の現場における中国人労働者の境遇は、コロナ禍のなか、一層ひどくなった。航空政策やＰＣＲ検査の結果を理由に、現地企業が、海外労働者の帰国や医療の権利も制限したのだ。

二〇二〇年一一月、インドネシアのある中国鉱山企業の労働者のなかに新型コロナウイルス陽性者が出たときには、空き宿舎に二〇日あまり隔離し、なんの医療も与えずに放置した。そして、その労働者は亡くなったあとに同僚によって発見された。

シンガポールでは少なくとも三人の労働者が新型コロナウイルス感染症で亡くなった。五一歳の江蘇《こうそ》省南通《なんつう》市出身の男性、四一歳の安徽《あんき》省肥東《ひとう》県出身の男性、四二歳の江蘇省連雲港《れんうんこう》市東海《とうかい》県出身の男性だ。この東海県出身の男性は地元のホテルに隔離されたまま死亡……死後二日たってから発見された。

アルジェリアでは、ある男性が中国建設二局のプロジェクトで、温水インフラ工事に携《たずさ》わっていた。彼は鄭州《ていしゅう》八方公司の求人広告に応募。アフリカに着いてからパスポートを武漢林夕建築企業という別会社に取り上げられ、毎日、一〇時間も働かされた。賃金は、中国国内の賃金水準よりもはるかに低い条件だった。

そのため彼は「辞めたい」と申し出たのだが、「三万元の違約金を払わねばならない」といわれた。何人かの労働者は、この違約金を払うために五～六カ月を無償で働き、なんとか奴隷労働から脱出したという。

「新型コロナウイルス感染症の流行中は、どんな理由にせよ、帰国できなかった。帰国する人が多いと、プロジェクトが頓挫《とんざ》するからだ」と先の男性は証言し、こう続けた。

「国内では、（こうした労働搾取に遭った場合）やりようがあるが、海外では知り合いもおらず、言葉も通じない。社長が一切を仕切るので、監獄と同じだ」

また、この企業が男性に与えたのは労働ビザではなく、商務用の訪問ビザだった。本当はこのような労働をさせること自体、違法だったのである。

だが、社長は地元の官僚に賄賂《わいろ》を払ってうやむやにしていた。新型コロナウイルス感染症が広がると、自分だけ飛行機に乗って帰国。残された四〇人の労働者たちは二〇二一年の春節に集団抗議を行い、なんとか企業側から妥協を引き出し、帰国できたという。

一七五日間無休の強制労働

インドネシアの青山鉄鋼で働くある労働者は、二〇二〇年七月に現場で転倒したのち、医者にも診《み》てもらえず、半身不随になった。飛び散ったセメントが目に当たったというのにガードマンに三時間拘束され、治療が受けられずに左目を失明した労働者もいた。同様の労災事故は数えきれないほどあるが、いずれの労働者も冷遇され、多くが死亡する悲劇につながった。

前出のリポートには、二〇一九年の春に徳龍鉄鋼集団傘下の募集に応じて、インドネシアのニッケル工場で、一七五日間、無休で働くよう強制された男性の証言もあった。

この男性は冤罪《えんざい》を自白させられ、現地の監獄に一〇カ月にわたって拘留《こうりゅう》されていたが、二〇二一年一月に脱出、逃亡した。パスポートもない流浪《るろう》の身だった。

男性はこう振り返った。

「（一帯一路の労働者契約は）悪魔との契約だった。パスポートを取り上げるのは、インドネシアにある四〇あまりの中国企業のいずれも同じだ。領事館のホットラインに電話をかけても、相手にしてもらえなかった」

その男性は、同僚が現場で中毒になって死亡したのも目《ま》の当たりにした。埋葬されたのか、あるいは家族にきちんと連絡がいったのかも不明だ。

男性はこう続ける。

「党と国家が一帯一路の功績について嘘をついているのを見るたびに、毛沢東時代の新聞が『一畝《ぽ》一〇万斤』（豊作を誇張する表現）と嘘のニュースを報じていたのを思い出す」

また労働者たちは、毎日、強制的に洗脳教育を受けるという。外界と隔絶《かくぜつ》された世界で、共産党の正しさを教え込まれ、それに反抗の意思を持てば、暴力的な言動でいたぶられる。

そのためか、二〇二〇年一〇月にジャカルタで大規模な労働者ストライキが起きたとき、中国人労働者たちは企業から鉄パイプを配られて、ストライキに参加するインドネシア人労働者を攻撃するように指示され、それに従った。

中国労工観察の主任、李強《りきょう》は、アメリカ政府系のメディア、ラジオ・フリー・アジアに対し、こうコメントした。

「中国人労働者の五～六割が愛国主義的な洗脳を受け、さらに多くの人たちが無形の恐怖のなかで生きている。

逆らえば、帰国後に国家安全部の報復に遭うのではないか、親戚や友だちに迷惑がかかるのではないか、と心配している」

侵略としての一帯一路に日本も加担

李強はいう。

「中国政府は自国民にすら関心を持たないというのに、どうして一帯一路の沿線国家に何らかの福利をもたらすことなどができるのだろうか。国際社会全体が、一帯一路の掲げる初心を疑うだろう。

全世界の人々の貧困からの脱出を助けるというなら、まず自国の労働者の合法的権利を守るべきだ。核心的問題は、一帯一路全体が強制労働によるものだということ。一帯一路に関わるすべての国のメディアや市民団体が、中国と中国企業の悪行《あくぎょう》を暴き、追及してほしい」

一帯一路は、途上国に対するチャイナマネーを使った侵略であると同時に、中国人労働者の血涙《けつるい》の上に築かれた道だ。二〇一八年秋に一帯一路協力文書（第三国におけるインフラ共同投資協力文書）を締結した日本は、そんなものに加担するというのか。

ウイグル人の強制労働問題に続き、改めて日本政府と日本企業の姿勢が問われるテーマだろう。

9 「一帯一路」が海外で見せる地獄絵図

カンボジアで急増する中国人密航者

二〇二二年九月二二日、カンボジアのシアヌークビルで、四一人の中国人が乗っていた密航船が沈没した。原因は船の故障だった。港が近いこともあり三〇人が救出されたが、一一人が死亡。被害者らの年齢は二五歳から四二歳で、カンボジア警察は彼らを中国大使館に引き渡した。

当時、海外メディアは、「乗船の中国人はカンボジアに仕事を求めて密航する経済難民たちだ」と報じていた。だが一〇月になって、この救出された中国人のなかには、騙されて人身売買組織に売られてきた人たちがいたことが判明した。

香港メディア「香港01」によれば、沈没した密航船から救出された三〇人に事情聴取したところ、五人の中国人が「騙されてカンボジア行きの密航船に乗せられた」と証言した。彼らは九月一一日に広州を出発し、一七日に国際海域に出たあと、二人のカンボジア人船員が操縦する漁船に乗り換えた。そして事故が二二日に発生。事故直後、二人のカンボジア人船員は別の高速艇に救助され、そのまま逃げようとしたが、海上で逮捕された。

カンボジアでは、中国人密航者が急激に増えているという。カンボジアの華字紙、柬《かん》中《ちゅう》時報によれば、カンボジア移民当局が二〇二二年一〜九月のあいだに強制送還した外国人は一四五〇人で、そのうち三九〇人が中国人。彼らの多くが、カンボジアでオンライン詐欺などに従事していたという。

二〇二一年の一年間でも、強制送還された外国人は三五九四人。一番多いのはベトナム人だったが、中国人が二六六人もいた。

また、カンボジア内務省が外国人のための救援ホットラインを設置したところ、二〇二二年一〇月三日までに四〇二件、一一カ国・地域の外国人九七六人から救援要請があった。救出活動に伴い、警察は五三人の人身売買関係者を逮捕したが、うち四九人が中国と台湾出身で、四人がベトナム出身だった。

つまり、カンボジアはいま、中国人や華僑《かきょう》による犯罪の巣窟《そうくつ》となっており、被害者にも中国人が多い。ただ、自ら密航して犯罪の末端に関わる中国人も多いということだ。カンボジア当局は二〇二二年七月と八月に、中国の執法当局と協力し、越境犯罪の取り締まりについて意見を交換した。

「みな中国を脱出したがっている」

なぜ、カンボジアへの中国人密航が増えているのか。

一つの理由として、二〇一三年に習近平が打ち出した一帯一路戦略の東南アジア地域における要衝地《ようしょうち》がカンボジアであることが挙げられる。

特にシアヌークビルでは、二〇一七年ごろから、中国人観光客向けの中国資本による巨大カジノリゾート開発が進んできた。建設現場での雇用もあれば、中国企業の需要もある。カジノやホテルの従業員はほとんど中国人で、中国人向けの雇用も多い。

カンボジアの華僑商人が、匿名で、ラジオ・フリー・アジアの取材に対して答えている。

「（中国人四一人が乗船した密航船沈没のような）悲劇が発生した背景には、中国に仕事がないことがある。みな中国を脱出したがっているんだ」

分かっているだけでも、二〇二二年八月と九月にカンボジアに密航した中国人は、三五人にものぼる。また、これとは別に三〇人が上陸前に逮捕された。直前の七月には、中国人三六人が福建省《ふっけん》からシアヌークビルに密航しようとして、到着時に逮捕された。

二〇二二年九月に沈没した前述の密航船は広州から出発した。それが自ら望んでいたにせよ、騙されたにせよ、広州に十分な賃金を得られる仕事があれば、中国人たちが密航船に乗ることはなかっただろう。

かつて中国が貧しく、文革の嵐が吹き荒れていた一九七〇年代、仕事や安全を求めて広州から香港に密航する人が多く、「蛇頭《じゃとう》」と呼ばれる密航請負人とも人身売買業者ともいえる組織が暗躍していた。しかし中国が高度成長期を迎え、賃金も高くなるとともに、蛇頭による密航ビジネスは自然に消滅していった。

だが一帯一路戦略によって、海外に中国人の需要が生まれた。

第二のマカオと呼ばれるまでになったカジノリゾート地のシアヌークビルには、カジノを使った資金洗浄のために「汚れた金」が集まってくる。その「汚れた金」を扱えるのは裏社会の人間しかおらず、カジノリゾート開発にはチャイニーズマフィアが入り込むようになった。オンライン詐欺、暗号資産詐欺、マネーロンダリング、違法薬物の密売など、闇ビジネスも蔓延《はびこ》った。

こうした違法ビジネスの顧客も中国人で、闇ビジネスの末端で働くのも中国人……このような人材に公式の労働ビザなどが発行されるわけもなく、密入国者や人身売買で売られてきた「奴隷」が従事することになる。

危険を承知のうえで、闇ビジネスの月収数万元という報酬に惹《ひ》かれて、自ら密入国してくる者もいれば、騙されたり誘拐されたりして連れてこられる人もいる。どちらも行きつく先は地獄だ。

銃殺か移植用臓器の提供者か

二〇二二年八月、カンボジア国籍の華人がオンライン詐欺でタイ警察に逮捕された。一帯一路プロジェクトという名目でミャンマー・カイン（旧カレン）州などに巨額の投資をしていた佘倫凱《しゃりんがい》という男だ。

彼は表では大物華僑投資家として活躍し、習近平がフィリピンを訪れたときなどは、ロドリゴ・ドゥテルテ大統領主催の晩餐会《ばんさんかい》で習と同じテーブルに座るほどのセレブだ。だが裏では、佘智江《しゃちこう》という名前を使ってカイン州地域を支配する軍閥《ぐんばつ》に賄賂《わいろ》を贈り、その協力を得て、オンライン詐欺、人身売買、臓器売買など闇ビジネスをしていた。

タイのメディアによる報道を総合すると、このカイン州に造られた「ＫＫパーク」と呼ばれる監獄のような施設には、カンボジアなどでの奴隷労働から脱出しようとして失敗した人間が、一〇〇〇人以上送り込まれているという。

そこではカンボジアよりも劣悪な環境で、オンライン詐欺や電信詐欺に従事させられ、「子豚」と呼ばれて人間扱いされない。天文学的な数字で詐欺ノルマが課され、それを達成できなければ棍棒《こんぼう》で殴られたり、重いレンガを運ぶ仕事をさせられたりと虐待される。逃げようとすれば銃殺されるか、あるいは移植用臓器の提供者として中東の顧客に売り飛ばされるという。

中国のSNS微博《ウエイボー》では、こうした密航者に対して「愚昧《ぐまい》だ」と冷ややかに論評する人が多いが、同情を示す人もまた多い。

なぜなら現在の中国は、習近平政権によって国内経済が急速に停滞し、若者の失業率が二割とも四割ともいわれる状況下にあり、さらに愚かなゼロコロナ政策によって移動の自由も制限されたからだ。胡錦濤《こきんとう》政権の時代と比べると、思想の自由も言論の自由も大幅に制限され、息苦しい監視社会のなかに人々はいる。ならば違法なルートを使ってでも、そしてリスクを負ってでも、中国を脱出したいと思う人は多いのだ。

「中国の夢」という名の地獄

資産一〇〇万ドル（一億五〇〇〇万円）以上の富裕層の中国人は、二〇二二年の一年間で、一万人以上が先進国に脱出したと推計される。一方、社会の底辺にいる人々が中国を脱出するには、密航というリスクの大きい方法を採るしかない。さらに、その渡航先も、いまやカンボジアのような一帯一路の沿線国ぐらいしかない。

かつて、ビジネスチャンスや自由を求める中国人は、まず香港を目指した。だが、習近平は香港を中国国内以上に厳しく支配し、いまや香港から人々が脱出し始めている。二〇二二年六月末までには、香港人口の約一・六パーセントに当たる一一万人が海外に脱出した。

習近平独裁の中国は、さらに貧しくなり、また息苦しくなり、北朝鮮化していくだろう。そんな未来に展望が拓《ひら》けない中国に残り続けることは、若者にとって地獄だ。

だが、密航のリスクを冒《おか》して辿《たど》り着く地は、新天地なのか?

習近平が「中華民族の偉大なる復興」という「中国の夢」を掲げ、一帯一路の名のもと、アジア、アフリカ、南太平洋に中国人の新天地を作り出したかに見えた。しかしそこには、中国国内以上に腐敗と犯罪にまみれた奴隷労働の地獄が生み出されただけではなかったか。

シアヌークビル沖の密航船沈没事件は、「中国の夢」という名の地獄が世界に広がりつつあることを可視化させる事件だった。

第二章　習近平独裁の被害者たち

10 共青団パージから始まるディストピア

上海の経済を殺した人間を首相に

二〇二二年一〇月、第二〇回党大会と、その閉幕直後に開かれた第二〇期中央委員会第一回全体会議によって、習近平が総書記に再選された。

そのこと自体は、九月末ごろからほぼ確定事項として予想されていたのだが、新指導部、つまり新政治局常務委員メンバーおよび政治局メンバーから共青団《きょうせいだん》（共産主義青年団）派が完全に排除されることまでは、ほとんどのチャイナウォッチャーたちは予想していなかった。

政治局常務委員七人のうち、年齢的に引退が妥当とされた栗戦書《りっせんしょ》と韓正《かんせい》の例は別として、引退年齢の六八歳まで一年余裕のある李克強や汪洋《おうよう》までが完全引退し、ヒラの党員になってしまった。こんなことは誰も予想していなかった。李克強が首相を任期いっぱいの二期一〇年務めた温家宝《おんかほう》元首相にならって完全引退したとしても、汪洋は残留すると思われていたのだ。

この人事で一番の驚きだったのは胡春華《こしゅんか》のケースだ。政治局委員から政治局常務委員に出世する可能性もあるとされた副首相は、政治局から降格されてヒラの中央委員になった。結果、政治局委員も二五人から二四人になった。

胡春華は、地方での行政手腕も認められ、五年間の副首相職をきっちりこなし、次世代の指導者を務めることのできる若手政治家だった。仮に習近平の妨害によって政治局常務委員に出世できなかったとしても、政治局委員から降格されるようなミスは犯していないはずだった。

一方、上海市書記としてゼロコロナ政策を習近平に命じられるまま貫徹し、第２四半期の経済成長をマイナス一三パーセントにまで落とし、ロックダウンによる混乱を引き起こして、市民の動揺や反発による集団行動を頻発させた李強が、なぜか序列二位で政治局常務委員に出世した。上海経済をつぶした主犯の李強が、中国経済を主導する国務院総理、すなわち首相になった。

また、北京市書記として悪政の数々を行い、市民から蛇蝎《だかつ》のごとく嫌われ、清華《せいか》大学の学生からは引退を要求されたうえにデモまで起こされた蔡奇《さいき》も、政治局常務委員に出世した。

習近平は、自分の政策や路線（反改革開放路線、毛沢東路線回帰）に反対する立場である共青団派を完全パージし、自分のいうことに忠実に従うイエスマンだけを出世させた、ということだ。

これまでの共産党の集団指導体制では、曲がりなりにも政治上の手腕や実力を基準として出世や降格が決まっていた。政治成績が上がるように、お気に入りの部下に下駄を履《は》かせたり、結果を出しやすい部署に配置したりする「ズル」はあっても、目立ったミスをしていない人物を降格させたり、隠しようのない失策を犯した人物を出世させたりするようなことはなかった。他の指導部メンバーから批判を受けるためにできなかったのだ。

それを習近平がやってしまった。つまり、鄧小平《とうしょうへい》から続いてきた集団指導体制の機能を、完全に消してしまったということだ。

そして、「たとえ経済を崩壊させ、社会を混乱させても、習近平の命じたとおりの政策を貫徹する人間が出世する」というメッセージを、中国全土の官僚たちに発信した。

今後、中国全土の官僚たちは、「経済がどれほど悪化しても、社会が混乱しても、自分の政治生命を守るため、習近平の命令には絶対服従する」という判断をするようになるだろう。経済軽視の習近平路線を強く印象づけた人事だった。

胡錦濤退席の真相

そして、第二〇回党大会でもう一つ、完全に失われたものがある。長老の影響力だ。閉幕式で、習近平の隣に座る前総書記の長老・胡錦濤《こきんとう》が強制的に退席させられた様子が海外のメディアによって撮影され、中国の内外に広く発信された。

七九歳の胡錦濤が、習近平のボディガードと、かつて習の部下だった孔紹遜《こうしょうそん》・中央弁公庁副主任に引っ張られて、無理やり雛壇《ひなだん》から連れていかれた。そのときの習近平の表情は、これ以上ないくらい冷ややかなものだった。そして、胡錦濤のほうを見ないようにしていた李克強の肩を、胡が去り際に軽く叩いた。

連れ出される直前、胡錦濤は机に置かれた中央委員の名簿を開こうとしていた。それを栗戦書が制止して胡錦濤に何かを囁《ささや》き、その様子を冷ややかに見ていた習近平が指示したあと、習のボディガードらが胡錦濤を連れ出そうとした。胡錦濤が嫌がる素振《そぶ》りを表し、それを見ていた栗戦書が立ち上がりかけたのを王滬寧《おうこねい》が制止する……そんな様子もカメラは捉《とら》えていた。

多少の音声も拾われていて、王滬寧が「それ（おそらく名簿のページ）を開かないで（不要把他翻過来)」という言葉を三度繰り返していた。

新華社は「胡錦濤の退席理由は健康上の問題だ」と報じているが、もし本当に健康が芳《かんば》しくないために退席したのであれば、隣に座る習近平も李克強も、退席する胡錦濤にもっと気遣う様子を見せただろう。

胡錦濤退席の真相としては、「中央委員の名簿に対する不満をいおうとしたので退席させられた」という説と、「党規約改正案の採決で、胡錦濤が反対側に挙手する可能性を習近平が恐れ、そのため退席させられた」という説がある。

いずれにしても重要なのは、衆人環視のなかで、習近平にとっても恩人であるはず(習近平に対するクーデターを企《たくら》んでいた薄熙来《はくきらい》の失脚には胡錦濤の協力があった)の長老を引きずるように退席させたこと。それに対し、李克強も汪洋も他の党員も、静観する以外のリアクションを取れなかった。そして習近平は、この様子を国内外に見せつけたのだ。明らかに権威をアピールしたかったのであろう。

周辺国にも広がる残酷なディストピア

第二〇回党大会で発信された習近平のメッセージをまとめると、以下のようなものになる。
・習近平の路線に抵抗する官僚や政治家の集団、共青団を徹底的にパージする。
・それに伴い、集団指導体制や共青団を通じた若手官僚の育成システムを機能停止にする。
・今後は全国で、経済成長など軽視し、ただ習近平の命令に忠実であろうとする官僚を出世させる。
・大躍進や文革や天安門事件など、共産党の黒い歴史から得た教訓を次世代に伝えていくことはやめる。

長幼《ちょうよう》の序《じょ》を重んじ、先輩や年長者の意見に対し、とりあえずは耳を傾けるという中国の儒教的な伝統や価値観も破壊される。この点では、文革時代が再来するといえるのかもしれない。

習近平独裁は、第二〇回党大会で、新たなステージに踏み出したのだ。

習近平政権が誕生した二〇一二年秋以降、その毛沢東的な独裁志向に強い懸念を持った私は、二〇一七年に終わる最初の任期で、党内の良識的な勢力によって習が引退させられる可能性に期待した。が、その期待は完全に裏切られた。国家や党のために、そこまで体を張れる政治家や官僚は、中国にはいなかったのだ。

習近平は総書記を務めた最初の一〇年間、反腐敗や組織改革という名の粛清で、官僚や政治家たちに恐怖を植え付けた。そして、鄧小平の改革開放の経済的果実をすべて破壊し尽くした。第二〇回党大会では、集団指導体制、共青団官僚育成システム、長老政治といった、それなりに機能してきた政治システムを放擲《ほうてき》した。

では、習近平独裁は今後、盤石《ばんじゃく》といえるのだろうか？

それは違う。

党規約改正のなかには結局、習近平が盛り込もうとしていた「二つの確立（習近平の全党における核心的地位を確立すること&習近平新時代の中国の特色ある社会主義思想の党における指導的地位を確立すること）」は入らなかった。党大会三日前には、北京の四通橋で、習近平を独裁者・売国奴《ばいこくど》と罵《ののし》る横断幕が掲げられた。党内にも人民のなかにも、習近平独裁に抵抗する勢力はまだ存在する。

そうすると、習近平は盤石な独裁体制を築くために、今後も激しい「闘争」を継続することになる。それが文革並みの党内粛清であり、外部勢力との闘争、つまりアメリカや台湾、そして日本を含む西側社会との戦いだ。

この闘争に向かう習近平の暴走を誰が止められるだろうか？　もし誰も止められないならば、世にも残酷なディストピアがあの広い国に広がり、それは日本を含めた周辺国家を、否《いや》が応《おう》でも巻き込んでいくだろう。

11 秘密逮捕された「白紙革命」の女子学生

白紙を持つ女子学生に触発されて

それは、一人の女子学生の勇気ある行動から始まった。

二〇二二年一一月二六日午後、南京伝媒学院内の鼓楼《ころう》前で、女子学生・李康夢《りこうむ》は白紙を持って静かに立った。黒いマスクに黒い帽子、そして黒いコートを着た彼女は、ただ白紙を両手に持って立っていただけだ。

だが、この意味に気づいた学院の補導員（学生を指導する教職員）がすぐにやって来て、この白紙をひったくるように持ち去った。彼女は白紙を持つような格好《かっこう》で手を構えたまま、何事もなかったかのように立ち続けた。

この白紙を奪う様子を見ていた別の学生（おそらく彼女の動画を撮っていた女子学生）が「どうして白紙を奪うのか？」と補導員に訊くと、「白紙に何の攻撃力もないだろう」といい返された。

本当に白紙には何の攻撃力もなかったのか？

やがて彼女の周りに、同じように白紙を持つ学生たちが立ち始めた。夜になると、数百人の学生が集まり始めた。鼓楼は夜、ライトアップされるのだが、その日は真っ暗だった。暗闇に白紙を持つ学生たちが続々と集まる。

すると、ある男子学生が演説を始めた。彼は新疆《しんきょう》ウイグル自治区出身の学生だった。そして以下のような発言を行った。

「僕がここに立つのは、僕に勇気があるからではありません」

「彼女たち（最初に立った女子学生とそれを撮影していた学生）が僕を刺激し、僕はここに立つ勇気を持てました」

「彼女たちのほうが勇敢です」

「一人の新疆人として、自分の勇気を示すことができました」

「以前の僕は弱かった」

「でも、いまこのとき、自分で立ち上がらなくてはと思いました」

「故郷を代表して声を上げます」

そして学生は、一一月二四日夜に起きたウルムチ市の集合住宅・吉祥苑《きつしょうえん》の火災の犠牲者に対して、哀悼《あいとう》の言葉を述べ始めた。

「大火災で家族や親しい人を亡くした友人たちのために、犠牲となった人たちのために、声を上げます」

「火事ではなくゼロコロナ政策で殺された」

ウルムチ市の吉祥苑大火災は、ロックダウン封鎖中の建物のなかで発生した。死者は少なくとも一六人以上、一説によれば四四人が落命したといわれる凄惨《せいさん》な事件だった。

新疆ウイグル自治区では長期にわたって厳しいロックダウンが継続されており、ウルムチ市では八月から一〇〇日以上も市民が自宅に閉じ込められている状態だった。火事の原因は集合住宅の一室のコンセントからの漏電《ろうでん》らしいが、火災が起きたとき、勝手な外出ができないように門は針金で固定されていたという（ウルムチ市当局は、これを記者会見で否定している）。

さらに、集合住宅の周りにはロックダウン封鎖のための柵などが設けられ、消防車が近づけず、消火のための放水が建物に届かなかった。燃え盛る火に消火用水があと一歩届かない様子が、動画によってＳＮＳで拡散された。

「この大火の犠牲者たちは火事で死んだのではなく、ゼロコロナ政策に殺されたのだ」

……多くの市民はそう感じていた。だからウルムチ市では市民がパニックに陥《おちい》り、激しい抗議活動も起こった。「自分たちが、いつゼロコロナ政策で殺されるか分からない」と。

当時、たしかに新型コロナウイルスの新規感染者数は拡大していたが、中国では重症化による死者はほとんどいなかった。二年半の累計でも五二〇〇人ほどだ。だが、貴州《きしゅう》省貴陽《きよう》市では新型コロナ陽性者（偽陽性を含む）を隔離施設に強制連行するバスの横転事故で二七人が死亡したり、新疆ウイグル自治区のイリ地区では長期ロックダウンによって一家全員が餓死した、などという悲惨な事件が相次いでいた。

しかも、ゼロコロナ政策の末端では、ＰＣＲ検査会社と役人の癒着や、賄賂《わいろ》を受け取って健康コードアプリの色を変えるなどの汚職が蔓延《はびこ》っていた。

「大白《ダーバイ》」と呼ばれる白い防護服に身を包み防疫施策を実行する職員は、習近平の肝煎《きもい》り政策「ゼロコロナ」を掲げて、暴力的なＰＣＲ検査や強制隔離などをやりたい放題に行った。ゆえに「毛沢東の紅衛兵《こうえいへい》」ならぬ「習近平の白衛兵《はくえいへい》」と呼ばれ、庶民の憎悪の対象になっていたのだ。

こうした積もり積もったゼロコロナ政策への不満が、ウルムチ大火災の哀悼《あいとう》演説という形で言語化され、それに学生たちは喝采《かっさい》を送ったのだ。

同調した学生と出稼ぎ者の抵抗運動

このときは、再び補導員たちが駆けつけて、学生たちに注意した。

「政府が君たちのためにどれだけ良くしているか、それを考えなさい」

最後には学院長が自ら現場にやって来て、学生たちに忠告し、さらに恫喝《どうかつ》するようにいった。

「君たちは、いつか、今日の代償を支払うことになるぞ」

学生たちと学院長はいい争いとなり、最終的に学院長は「今日は何も起きなかった」「みんな、すぐにこの場を離れなさい、誰の責任も追及しないから」と学生たちを宥《なだ》めたので、その日の午後一〇時に学生たちは解散した。

だが、この騒動はすべて動画に撮影され、SNSで拡散されていった。

この動画を観たからだろうか、同じ二六日午後、上海のウルムチ中路には白紙を掲げた若者が集まっていた。彼らは「自由が欲しい」と叫びだし、日付が変わるころには「共産党下台（下野《げや》）」「習近平下台」というシュプレヒコールが夜空に響き渡った。

習近平の批判など、インターネットのSNSで匂わせる程度ですら、「秩序擾乱罪《じょうらんざい》」あるいは「国家政権転覆煽動罪《せんどう》」で逮捕される可能性もあるこの時代に、習近平の名前を挙げて直接的に引退を要求するなど、命がけの行動だ。そんな勇気が上海の若者にあったとは……。

この二つの抗議活動は連携したものなのか、それぞれ単発的に起こったのか、それははっきりしない。ただ、二〇二二年一一月に入ってから、人々は様々な方法でゼロコロナ政策への抗議を表明し始めていた。

遡《さかのぼ》れば、第二〇回党大会開催前の一〇月一三日、北京市海淀区《かいでん》の陸橋、四通橋では、若きエンジニアの彭載舟《ほうさいしゅう》が「PCRはいらない、食べるものが欲しい」「独裁者・売国奴の習近平を罷免《ひめん》せよ」などと書いた横断幕を掲げたのが発火点かもしれない。

こうした反ゼロコロナ政策や反習近平を掲げた抗議の動きは、たとえばトイレの扉の後ろにこっそり落書きされるようにして、水面下で広がっていた。それが、南京伝媒学院の「白紙」から一気に表面化したのだ。

わずか三日のうちに、北京、上海、南京、重慶、成都、武漢、蘭州、西安、長沙《ちょうさ》、ウルムチなど全国に広がり、少なくとも二〇〇前後の大学で、ほぼ同時期に、同じような運動が起きた。まさしく「白紙革命」と呼べるような勢いだった。

なかでも習近平の母校・清華《せいか》大学で起きた「白紙革命」は、規模も一〇〇〇人以上と大きく、そして激しかった。

清華大学の抗議では、白紙でなく「フリードマンの方程式」が書かれているものもあった。フリードマンの方程式とは、ビッグバンすなわち宇宙膨張を表す式のことを指す。「フリードマン」の名前の発音に近い「フリーダム（自由）」を主張しているのか、独裁の膨張スピードを揶揄《やゆ》しているのかは分からないが、学生たちのこうした抗議の様式は非暴力的であり、かつパフォーマンスアートと呼べるほどの洗練されたものだった。

一方、鄭州《ていしゅう》のフォックスコン工場や広州のアパレル工場の集中する城中村（スラム）では二〇二二年一〇月から一一月にかけて、出稼ぎ従業員たちがゼロコロナ封鎖を破り、集団で脱走した。それを防ごうとする防護服姿の警官隊との官民衝突が頻発した。これらもSNS上に動画として流れていった。

知的水準の高い学生たちの非暴力運動と、地方の出稼ぎ者たちの力ずくの抵抗が同調するのは時間の問題だった。

これは天安門事件以来の大規模運動に発展するかもしれない——世界が固唾《かたず》を呑んで見守った。

実は脆弱な習近平の権力基盤

ところで、あの「白紙」にはどんな意味があったのか？　誰もが連想したのは、旧ソ連の著名な小話だ。

――モスクワの赤の広場でチラシを配っている男が官憲に逮捕された。男は「チラシは白紙なのに、なぜ逮捕するのか」というと、官憲が示した逮捕理由は「お前が何を書きたいか知っているぞ」というもの……。

白紙は、厳しい言論統制下で唯一選択できる「無言」の抵抗なのだ。「言論統制の行き着く先は、何もいわずに白紙を掲げただけで逮捕される」という諷刺《ふうし》であり、同時に「何もいわなくとも、白紙一枚でいいたいことが伝わる」ということでもある。また、ここには「言論が統制されても、何もいわない権利はあるはずだ」という抗議も含まれている。

物いわずに白紙を掲げることだけで弾圧されるとしたら、それは究極の圧政だ。学生たちは「物いわぬ我々を弾圧できるのか」と当局に問いかけたのだ。もし、こうした学生たちの行動が弾圧されるのなら、次に取りうる選択肢は本当の暴力革命しかない、といわんばかりに。

では、なぜこの「白紙革命」はここまで素早く拡散したのか？

いまの中国では、公安システムのスカイネット（天網《てんもう》）やゼロコロナ政策徹底のために導入された健康コードアプリのシステムなど、ハイテクを使った監視で、人の動きを統制できる。大規模な集会も、事前に当局がつぶそうと思えば、つぶせるはずだ。

考えられる理由として、白紙革命の多くが大学のキャンパス内で学生たちによって行われた、という点を挙げることができる。大学の教員たちは、なんだかんだいっても、学生たちを守ろうと動く。科挙《かきょ》の伝統が根づく中国で「学士様」は国の宝だ。ゆえに学生が動くと、官僚も知識分子も同調する。優秀な学生たちを弾圧することは、出稼ぎ者の抗議を鎮圧《ちんあつ》するのとは訳が違うのだ。

警察も、大学内に突入することに対しては躊躇《ちゅうちょ》する。実際、南京伝媒学院の最初の白紙運動のとき、キャンパスの外では監視カメラを見た警察が待機していた。学院長はそれを知っていたからキャンパス内の電気を落とし、真っ暗ななかで、恫喝してまで学生たちを解散させたのだ。結果、警察は突入しなかった。

もう一つ、「実は習近平の権力基盤は盤石《ばんじゃく》ではない」という点も関係あるかもしれない。第二〇回党大会で異例の三期目総書記の続投が決まった習近平は、たしかに政法委員会書記も公安幹部も自分の子飼いで押さえているが、末端の警官たちがどこまで習近平に忠誠を誓っているのかは不明だ。

というのも、公安はもともと習近平が失脚させた周永康《しゅうえいこう》の人脈が押さえていたからだ。加えて、過去に何度か習近平政権へのクーデター未遂騒動も発生している。積極的に習近平に抵抗する意思はないけれども、反習近平デモや抗議活動に対する監視を少しだけ緩めるような消極的抵抗は、いまも起きているのではないか。実際、警官のなかにも、白紙を掲げた姿をSNSにアップした者もいた。

この燎原《りょうげん》の火のように広がった白紙革命は、スタートしたばかりの習近平・第三期政権の足元が実は脆弱《ぜいじゃく》であることを露呈してしまった。

習近平としては、一刻も早く白紙革命を収束させなくては政権維持すら危ういという事態に遭遇したのだ。

指導者の死と学生運動が同時期に

二〇二二年一一月三〇日、ついに中国は、約三年も続いたゼロコロナ政策を転換させた。白紙革命が、独裁者たる習近平から、譲歩を引き出したのだ。

まず広州が、三〇日に突如、およそ市内半数の地域に対してロックダウン解除を発表した。広東省では、この日の新規感染者数が一六一一人であり、そのほとんどが広州に集中していたので、これまでの基準でいえばロックダウン解除の条件には適《かな》っていなかった。

上海や成都などでもロックダウン解除が続き、最初は「本当か？」と半信半疑だった人々も一二月七日、国家衛生健康委員会が「新十条」と呼ばれる新たな新型コロナ防疫政策のガイドラインを発表したことによって、ようやく悪夢のようなゼロコロナ政策「動態清零」が終了したと実感した。大白《ダーバイ》と呼ばれた防護服姿の防疫要員が街から姿を消し、PCR検査をせずとも高速鉄道に乗車できるようになった。

一一月三〇日には、元総書記・元国家主席の江沢民の死去が発表された。ただ、江沢民はこの日に死亡したことになっているが、死亡日時は操作されたものだとされている。少なくとも、一一月一三日には死亡状態（脳死）であったという噂がネット上を駆け巡っていた。

生命維持装置を切ったのが三〇日であったということだろう。

では、なぜ一一月三〇日にしたのか？

中国の白紙革命は当局のインターネットコントロールを上回る速度で拡散し、SNSのトレンド上位を占めていた。そのため、庶民の関心を白紙革命から逸《そ》らすことが一つの狙いであったといわれた。実際、江沢民死去が発表された途端、SNSのトレンドは白紙革命から江沢民死去に塗り替えられたのだ。

そしてもう一つ、「習近平の恫喝的なメッセージが込められているのではないか」という見方もあった。

江沢民は、一九八九年六月の天安門事件で失脚した趙紫陽《ちょうしよう》の代わりに総書記に抜擢《ばってき》された指導者だ。人々は江沢民を語るとき、学生運動を戦車で鎮圧した天安門事件を思い出さずにはいられない。

中国の国家指導者の死と学生運動が同時期に発生する歴史は、周恩来《しゅうおんらい》の死によって起きた第一次天安門事件（一九七六年四月五日）、そして胡耀邦《こようほう》の死がきっかけとなった第二次天安門事件（一九八九年六月四日）がある。いずれも鎮圧されたが、江沢民の死は、歴史を知る中国人にはメッセージと化し、瞬間的に二つの天安門事件を意識させたのだ。

一二月一日に発表された江沢民の訃告では、「一九八九年春から夏にかけて起きた政治風波」についても言及され、六日の追悼《ついとう》大会の習近平による弔辞《ちょうじ》でも触れられた。

白紙革命の強靭性が試される局面

習近平が、なぜ一一月三〇日に江沢民死去を発表し、一二月六日に追悼大会を行ったかについては、チャイナウォッチャーたちのあいだでも意見が分かれるところだ。ただ、台湾香港協会理事長の桑普《そうふ》が、アメリカ政府系のラジオ放送局ボイス・オブ・アメリカで語った以下のような話が気になる。

「刀を閃《ひらめ》かせて白紙革命のようなことを起こせば、天安門事件で人民を鎮圧したように、また人民の上に刀を振り下ろすぞ、という意味だ。このことは、中国公民の警戒心を呼ぶ。大きな圧力のもと、白紙革命の抗争が継続できるのか、その強靭性《きょうじんせい》が試されていると思う」

かつて中国共産党は、学生運動を戦車で踏みつぶした。白紙革命が今後も継続されるのであれば、「今度も踏みつぶすことを躊躇《ちゅうちょ》しない」という恫喝《どうかつ》メッセージが込められているのではないか、と。

実際に、一二月一日に南京伝媒学院で最初に白紙を掲げた女子学生の李康夢や、上海市のデモで最初に「習近平下台」と叫んだ男性は「失踪」し、連絡が途絶えた。秘密逮捕されたと見られた。

さらに教育部の指示で、学生たちは前倒しで春節休みを取らされ帰省させられたが、実家に戻ったところで公安が学生たちを呼び出して、次々に捕まえたらしい。ハイテク監視技術を使えば、誰がどの抗議活動に参加しているのか、すべて追跡できるのだ。

ロックダウンを解除して、いったん大衆を満足させたうえで、白紙革命を拡散した学生たちを一人ひとり洗い出し、逮捕する……ひそやかに大鎮圧が始まっていた。戦車で踏みつぶせば国際世論は大騒ぎするが、こうした秘密逮捕は可視化されにくく、ロックダウン解除の朗報のなかに埋もれてしまう。

果たして白紙革命は、習近平から「ゼロコロナ終了」という譲歩を引き出したのか？　学生たちは勝利したのか？　それとも、習近平の譲歩は見せかけであり、大鎮圧によって完全につぶされてしまったのか？　桑普が指摘するように、白紙革命の強靱性が試される局面に入った。

二〇二二年一二月七日にも、中国科学技術大学や浙江《せっこう》大学で、白紙を掲げた抗議活動は続いていた。天安門事件の鎮圧の歴史を仄《ほの》めかされても、恐れを知らない学生たちは白紙を掲げ続けた。

彼らは一人ひとり秘密逮捕されていくだろう。そうして抵抗者がいなくなれば、習近平は再びゼロコロナ式のやり方で人々を徹底管理し、コントロールしようとするだろう。

学生たちの非暴力運動を守らねば、次に起こるのは血なまぐさい暴力革命か、あるいは血なまぐさい大鎮圧だ。いずれにしても、より悲惨な結末が待っている。

だから、どうか日本人も、逮捕された学生たちの安全を願い、白紙革命の行方《ゆくえ》にも関心を持ち続けてほしい。

再び天安門事件のような悲劇を起こさせず、隣国の人々が習近平の異様な監視とコントロールから自由になるよう支持することは、人道的な面からも、東アジア地域の平和と安全の見地からも、重要な責務になるからだ。

12 ゼロコロナ政策の放棄で燃え上がる革命

いきなり消された巨大なコロナ市場

二〇二三年一月七日、暗闇のなかで万単位の労働者が殺気立ち、むしろ鎮圧のために現場に駆けつけた警官隊のほうがたじろいでいた。重慶市大渡口区《だいとこう》の中元滙吉《ちゅうげんかいきつ》生物技術の工場で起きた大規模な労働者デモの様子だ。

この製薬会社では、ウイルス抗原試薬やPCR検査キットを生産していた。だが、ゼロコロナ政策の放棄とともに、この工場の労働者が大量にリストラされた。しかも賃金未払い。そのため労働者たちが工場内に集まり、抗議活動を行ったのだ。

憤怒《ふんぬ》した労働者たちは工場内の設備機器を、そして生産されたばかりの製品を破壊した。さらに仲介業者と工場側の事務所詰めの責任者を引きずり出し、ボコボコに殴った。大量の武装警官が現場に到着したが、手当たり次第に工場の備品や石やブロックを投げつけてくる労働者たちの憤《いきどお》りに恐れをなした。警官たちのほうが逃げ惑ったのだ。この暴動と衝突で、一〇〇人以上が負傷したという。

彼らの多くは二〇二二年一二月、月給六〇〇〇元（約一二万円）に三〇〇〇元（約六万円）の奨励金を三カ月ごとに支払うという好条件で集められた人たちだ。それなのに年が明けた一月六日、突如「休暇」を取らされて、賃金未払いのまま、故郷に帰るようにいい渡された。明らかな労働法違反だ。

重慶市政府が仲介する形で、工場側は最終的に一二月分の給与に加え抗議集会の解散費用として一〇〇〇元（約二万円）を上乗せして支払うことにし、なんとか事態は収束した。が、同じような抗議運動は、重慶市以外の各地でも起きた。

浙江省《せっこう》杭州《こうしゅう》のPCR検査キット製造工場では、労働者が警官隊と衝突して逮捕者が出た。

この工場では前月までPCR検査の需要の高まりで操業に忙殺されており、人材が不足したため、高賃金で人をかき集めてきた。それなのに、中国政府のゼロコロナ政策放棄によって受注が軒並《のきな》みキャンセルとなり、労働者に賃金が払えなくなってしまったのだ。

ほかにも、PCR検査を行ったり感染者・濃厚接触者を隔離施設に強制収容したりしてきた「大白《ダーバイ》」、いわゆる真っ白い防護服を着た職員たちも全面的に解雇された。彼らの多くも賃金未払いだったため、大白たちのデモも各地で起きた。

また、各地方で推進されていた大規模な隔離施設の建設も中止になり、建設現場で働く労働者への賃金未払い問題も発生した。建てたばかりの隔離施設がすぐさま撤去されることもあった。

習近平の突然のゼロコロナ政策放棄は、コロナ関連の巨大な市場をいきなり消してしまったことになる。

ゼロコロナ政策を放棄した三つの理由

コロナ関連だけでなく、ロックダウン下で稼働していた工場でも賃金未払い問題が発生し、ゼロコロナ政策放棄とともに表面化した。二〇二二年の年末から年明けにかけて、賃金の支払い前に多くの工場や企業が倒産したり、経営者が夜逃げしたりした。こうしたケースが相次ぎ、各地で「未払い賃金をよこせ」と訴えるデモが頻発した。

中国では、このような「未払い賃金をよこせ」デモを「討薪《とうしん》」という。春節休みに入る前の中国では「討薪」が毎年起こるものなのだが、それがあまりに多発しているため「討薪潮」（賃金よこせデモブーム）、あるいは「討薪革命」（賃金よこせ革命）と名づけられ、大きな波紋を広げた。

このときデモが「革命」とまで呼ばれるほどの広がりを見せたのは、取り締まる側の警察や地方公務員側も給与未払いや給与カットに遭い、仕事のモチベーションが落ちていたからだ、という指摘もある。

ゼロコロナ政策で巨額の費用を支出させられた地方の財政は瀕死の状況だった。そこにゼロコロナ政策が突如として転換され、これまで蓄積されてきた経済的な矛盾や庶民の不満が一気に表出し始めたのだ。

習近平がゼロコロナ政策を放棄した理由は三つある。

一つめは、地方政府、すなわち三一の省・自治区・直轄市《ちょっかつし》すべてが深刻な財政赤字に陥《おちい》り、その総額が一〇兆元(約二〇〇兆円)を超えると判明したこと。

二つめは、ゼロコロナ政策下であるにもかかわらず北京で新型コロナウイルスの感染が蔓延《まんえん》し始め、このままでは首都もロックダウンせざるをえない状況になりつつあったこと。首都のロックダウンは中南海(共産党中央の所在地)もロックダウンすることを意味し、そうなれば、習近平が国家主席に選出される予定だった二〇二三年三月の全人代(全国人民代表大会)が開催できなくなってしまう。習近平としては、それだけは絶対に避けたかった。

そして三つ目、決定的であったのが、白紙革命が起きたことだ。習近平の母校・清華《せいか》大学の後輩たちまでもが、ゼロコロナ政策と習近平本人への怒りを爆発させた。

この三つの理由から、習近平は堅持し続けたゼロコロナ政策を放棄せざるをえなくなったのだ。

革命成功の前例を作った学生たち

習近平は、ゼロコロナ政策を放棄すれば経済が回復し、地方の経済状況も若者たちの失業問題なども緩和されると期待した。

だがこれは、揺るがないと思われていた政策を、白紙革命という集団抗議によって転換するという先例を作ってしまったことを意味する。

白紙革命自体は、首謀者の学生たちが次々と秘密裡《ひみつり》に逮捕され、多くの学生たちが「春節休み」の前倒しによって実家に帰省させられたことで、強制的に終息させられた。しかし、それに続く「革命」が次々と起きたのだ。

二〇二三年元日には、河南《かなん》省や山東省などの地方都市で、失業中の若者が爆竹花火を放って大暴れするという「煙花革命」が起きた。爆竹花火をやめさせようと出動したパトカーが若者に襲撃される様子を映す動画も、ネットに流布《るふ》された。

そして、いまは「討薪革命」だ。

「抗議の声を上げれば何か変わるかもしれない」――ゼロコロナ政策の転換は、そういう希望を人民に与えてしまったのだ。

一方で、習近平が期待した経済の回復は簡単ではなさそうだ。あまりに政策転換が突然だったため、事前に地方政府や現場には通達されず、準備が後手後手に回ってしまった。前述したようなPCR検査などにおける市場の大混乱や、関係者の大量解雇と賃金未払いが起きてしまった。

また製薬企業は、突然の感染者急増に対応しきれず、こちらも大混乱した。解熱剤など物資不足に加え、医療設備や人員の不足が重なって、救える人も救えず、大量の死者が出てしまった。

大量の死者が出ても葬儀会社や火葬場が対応しきれず、死亡してから火葬できるまで一カ月以上も待たされる地域も少なくなかった。そうして葬儀費用や火葬費用も、一気に何万元も値上がりしてしまった。そのため貧しい庶民は、仕方なく、駐車場などでガソリンを使って遺体を焼いた。そんな悲惨な光景が各所に出現した。

このような阿鼻叫喚《あびきょうかん》の状況で、正常に経済が回るわけがない。

民主化へパンドラの箱を開けた政策変更

長期のゼロコロナ政策は、中国経済を予想以上に蝕《むしば》んだ。中国財政支出の三分の一に当たる八兆元（約一六〇兆円）が、ＰＣＲ検査関連産業や隔離施設建設、あるいは「大白」雇用などに投じられていたが、その結果、特にＰＣＲ検査関連産業の腐敗が深刻化した。

二〇二二年一二月六日の生命時報によれば、その年だけで一一社のＰＣＲ検査会社で不正が発覚し、立件されているという。陽性者や隔離者の数に合わせて予算が分配されるので、陽性者を増やす検査結果を偽造するところが続出し、さらに一部官僚も加担して、私腹を肥やした。そんなケースがいくつも明らかになった。

また、長期のロックダウンによって市場経済が停滞する代わりに、計画経済的な食料の共同購入が多くのコミュニティで行われたが、このプロセスで食料の買い占め、価格操作といった問題も起きた。不動産市場の正常化も遅れた。

ゼロコロナ政策という人民管理強化を正当化できる政策を長期にわたり続けたことで、

習近平の独裁は進んだ。共同富裕（格差是正）や計画経済回帰も浸透した。だがその結果、中国経済の悪化が臨界点を超えて、小手先の経済政策では回復不可能な段階に入ってしまった。

春節前に行ったゼロコロナ政策の放棄は、パンドラの箱を開けてしまった。なかから飛び出てきたのは、人民のパニック、習近平独裁への不満、共産党体制に対する不信だ。

だが最後にパンドラの箱から出てくるものは、希望だと信じたい。人民が声を上げれば中国を変えることができる、という希望だと。

13 未成年者失踪事件の背後にある闇

少年少女二〇人以上が失踪の怪

二〇二二年秋、八歳から一七歳までの少年少女二〇人以上が、全国各地で立て続けに失《しっ》踪《そう》する事件が起きた。

中国には、公安警察のスカイネットをはじめ、ハイテクを駆使した人民監視システムが構築されており、交通違反者やデモ参加者の居場所は、すぐに突き止めることができる。にもかかわらず、なぜ未成年者の失踪事件はなかなか解決しないのか。

その背後に、世にも残酷な闇があると囁《ささや》かれている。

このときの失踪者の一人である江西《こうせい》省の高校生、胡鑫宇《こきんう》（一五歳）が、失踪から一〇六日が経過した二〇二三年一月二八日、失踪現場からそう遠くない山中で縊《い》死《し》状態で発見された。が、警察は、早々に「自殺」と断定して捜査を終了させた。しかし、それには不自然な点が多すぎた。

まず、胡鑫宇失踪事件の経緯を振り返ろう。

二〇二二年一〇月一四日、胡鑫宇が、江西省上饒《じょうじょう》市鉛山《えんざん》県の私立進学校、致遠《ちえん》中学（日本の高校に相当）の宿舎から忽然《こつぜん》と消えた。財布やスマートフォンは部屋に置きっぱなしであり、ボイスレコーダーだけが見当たらなかった。

胡鑫宇は同年秋にこの学校に進学、奨学金を受けていたが、本人は授業に付いていけず、その悩みを教師に相談していた。また、失踪前には母親に何度か電話をかけて「家に帰りたい」と涙声で訴えており、物理の教科書の裏には「生きていたくない」という走り書きもあった。

江西省、市、県の公安当局が合同チームを作り、学校周辺をローラー式に捜索したが、何の手掛かりも見つからなかった。

年が明けて一月二八日、学校の裏手から五分ほどの山中で、胡鑫宇の遺体が見つかった。食料備蓄庫がある場所で、敷地を囲んだ塀の内側には樹木があり、その枝に靴紐《くつひも》を掛けて首を吊ったという。遺体は胸あたりまで腐敗していた。

ちなみに、胡鑫宇は学校指定のジャージを着たまま首を吊っていたのだが、ジャージの上着はなぜか後ろ前に着用、首の後ろまでファスナーを上げていた。

この現場にはボイスレコーダーが落ちており、それには「自殺したい」という肉声が残っていた。家族が「合成したものではないか」と、警察に念を押して確認したところ、「進学校に入学したものの勉強に付いていけず、現実逃避から自殺を図った」というのが警察の結論だった。

権力者が使う臓器は警察が後ろ盾に

だが、このとき両親も世論も、その説明には納得しなかった。

まず、警察がローラー式に大捜索した現場で、一〇〇日も経ってから遺体が見つかった。それが不自然である。そして、遺体の第一発見者は食料備蓄庫の門衛《もんえい》と番犬だが、遺体から三〇メートルのところには畑がある。毎日のように人が来ているのに、一〇〇日間、誰も気づかないことなどあるだろうか。

さらに警察は、記者会見で死亡推定時刻を説明せず、メディアにも質問させず、遺族の代理人（弁護士）も同席させないで、かつボイスレコーダーの音声も公開しなかった。

ＳＮＳ上では、靴紐は一五歳男子の体が吊り下がるときの衝撃に耐えられるのか、という疑念も浮上し、検証動画が出始めた。また、学校には山ほど監視カメラが設置されているのに、胡鑫宇が学校外に出る姿が映っていないことも不思議がられた。さらに致遠中学では、二〇〇八年から二〇二二年までのあいだに、なんと一七人もの学生が失踪していることが発覚した……。

するとやがて警察発表に疑問を呈するようなコメントをSNSなどに投稿することが禁じられた。

実は多くの人たちは、この未成年連続失踪は、「移植用臓器を調達するための誘拐事件ではなかったか」と疑っていた。だから警察も会見で、わざわざ「遺体にはすべての臓器が揃っていた」と説明したのだ。

連続失踪者の一人、湖北省武漢市の劉奥成《りゅうおうせい》（一四歳）は、家庭ゴミをアパート階下のゴミ置き場に出すため外に出たのち、忽然《こつぜん》と姿を消した。

そして失踪後八日目、自宅からそう遠くない長江《ちょうこう》の中州《なかす》で遺体となって発見され、やはり自殺として処理された。ところが、父親は警察から遺体の確認をさせてもらえず、履《は》いていた靴を見せられただけだったという。「遺体を確認させてもらえないのは臓器が抜き取られているからだろう」という噂が立つのも当然だ。

中国の臓器移植の闇は深い。

すでに二〇〇九年には、中国の雑誌、財経が、典型的な臓器狩り犯罪の内幕を報じていた。

臓器狩り組織が、貴州《きしゅう》省で、一人のホームレスを「紳士」に仕立て上げた。そうして病院で検査を受けさせ、ドナー登録をさせたあと、交通事故に遭ったとして移植医療機関に運び込み、臓器を提供させたのだ。

人身売買で入手した子どもや若者でも、やり方は一緒だ。二〇一七年一一月には、湖北省黄梅《こうばい》県で、九歳の少女が誘拐された。容疑者は捕まり、少女は遺体で発見された。

この容疑者は「車で少女を轢《ひ》き殺した」と供述したのだが、父親は「遺体からは臓器がすべて抜き取られていた」と証言した。ところが警察は、この臓器抜き取りについて、「その話をした者は逮捕する」と緘口令《かんこうれい》を敷いた。

この事件も臓器狩り事件だろう。レシピエント（臓器移植を希望する人）が権力サイドの人物だったので、真相を突き止めることができなかったのだ。そう巷間《こうかん》ではいわれている。

また二〇一一年には、体格の似た男子学生三二人が武漢の長江大橋付近で連続して失踪する事件が起こった。これも臓器狩りではないかと噂された。武漢では、それ以降も、数カ月に一人くらいの割合で学生が失踪していった……。

共産党のビッグデータからドナーを抽出？

その中国では、二〇二二年秋に臓器移植条例が改正された。中国政府として臓器移植の推進を打ち出し、臓器移植関連企業の上場計画が発表された（その後、世論の批判にあって白紙撤回されたが）。また内モンゴル自治区では、臓器移植資源配置の最適化条例などが作られ、各地方政府で、にわかに臓器移植政策が活気づいた。

また、未成年の臓器移植の実績を喧伝《けんでん》する病院も増えた。二〇二二年一一月一一日には武漢協和医院が、三人の児童（一二歳、一一歳、四歳）の同時心臓移植手術に成功したと発表した。また重慶医科大学附属児童医院は、国内四番目の腎移植児童専門病院の資格を得て、六人の腎臓移植が同時に実施された。

同時手術の成功は快挙と報じられるが、複数の提供臓器が同時に都合よく集まるプロセスについては、何も報道されていない。そのタイミングで、胡鑫宇を含めた未成年の連続失踪事件が起きたのだから、怪しまれるのは当然だろう。

中国で行われる移植手術では、すべての臓器は「善意の無償提供」だという。二〇一九年には、五八一八人の善意のドナーから、二万六一二一人に臓器移植が実施された。驚異の適合確率だとされる。

それゆえ、適合している人間を中国一四億人から予《あらかじ》め探し出し、その人間を誘拐したり、交通事故に遭わせたりして、のちに善意のドナーに仕立てるのではないか、と疑う人もいる。

実際、交通事故などで瀕死の状態にある患者の家族は、ドナーに登録するよう病院側から説得される。そんなケースをよく耳にする。未成年の場合は親の同意があれば提供可能だ。

自分の知らないうちにドナー登録されていたことが発覚した、という訴えもある。何者かに個人情報をハッキングされ、勝手に登録されたのだろう。

ドナー登録者は、二〇二二年、四七七万人にものぼる。

だがそもそも、そうした個人情報を一手に握ってビッグデータ化しているのが中国共産党なのである。独裁的権力を持つ中国共産党によって勝手にドナーに仕立て上げられたら、一体どうやって抵抗したらいいのか? 独裁体制では、完全な自由意思の「善意」は、存在しない。

中国の移植医療をめぐる闇として、死刑囚ドナー、法輪功《ほうりんこう》学習者ドナー、ウイグル人ドナーらの「善意」の立証問題が国際社会から指摘され続けてきた。が、そこに未成年者ドナーの問題が加わり、闇をさらに深めている。

その中国には、アラブ諸国などの権力者や富裕層の移植医療を秘密裡《ひみつり》に実施し、外貨稼ぎや外交の道具にしているという噂もある。信じたくはないが、日本人もそうした顧客に含まれているという噂が絶えない。

胡鑫宇事件の真相は永遠に不明かもしれないが、事件をきっかけに、その背景にある闇の深さを日本人にも知ってほしい。

14 デジタル・スターリン化する習近平の中国

金融エリートを心底嫌う習近平

二〇二三年三月の全人代（全国人民代表大会）で、第三期目の国家主席に就任した習近平。その全人代の最大の注目点は、突如、全人代で審議・採決されることになった「党と国家の機構改革案」だった。

この機構改革案のうち、国務院機構改革案の中身は、三月七日に発表された。おそらく、この数十年の中国共産党政治史のなかで最大規模の機構改革になると見られ、そして最も残酷な機構改革となろう。

その改革の中身は、主に一三項目。最大の目玉は、国家金融監督管理総局の創設、そして国家発展改革委員会の傘下に国家データ局を作ることだ。そして、科学技術部を再建する。

狙いは、「習近平が金融・デジタル技術に関する政策を自ら指導して掌握することによって、将来的に本格化する国際社会での金融デカップリングやハイテク産業デカップリングに対応していくことだ」といわれている。

特にアメリカが急速に強めている半導体や人工知能の領域に関連する輸出規制を受けて、中国としては経済を立て直しつつ、国内および友好国圏でハイテク関連のサプライチェーンを再構築する必要がある。その立て直しを習近平主導で行いたい、ということだろう。

だが、そうした目的は実のところ建前であり、真の狙いは、習近平の嫌う金融エリートたちを政府・党の中枢から排除する大粛清《だいしゆくせい》だといわれている。

習近平は、実はこれまで、中国人民銀行や金融セクターで権力を掌握してきた金融エリートを心底嫌っていた。実際、二月二三日には、習近平の忠実な子分の李希《りき》が主管することになった中央規律検査委員会が「金融エリート論、唯金銭論、西側にならえ論など、誤った思想を打破せよ」と表明していた。

そして、次のように主張した。

「産業の暗黙のルールや不正の空気を糺《ただ》して整理し、金融機関や中央企業の産業性、およびシステム性を深化させ、金融機関や国有企業などの領域で腐敗問題の解決力を強化する。またシャドーバンキングや政商斡旋《あつせん》など新たな形の腐敗に対する捜査力を増強して、金融機関や国有企業における腐敗抑止力を強化するのだ」

排除すべき堕落分子たちとは誰か

一九九〇年代末、江沢民国家主席を支えた朱鎔基《しゆようき》が首相として改革の大ナタを振るって以降、金融セクターを牛耳《ぎゆうじ》ってきたのは、おおむね上海閥《ばつ》系の人間だった。

改革開放の波に乗って中国が急成長してきた背景には、江沢民の孫の江志成《こうしせい》らのように、アメリカで金融を学び、ゴールドマン・サックスなど金融企業で実務経験を積んだプライベートエクィティ企業家の暗躍があった。江沢民に近い上海閥や朱鎔基・温家宝《おんかほう》ラインに近い金融官僚たちが、権力と利権を支配していたといわれている。

しかし習近平にとって、彼らは政敵であり、また習が嫌う高学歴かつアメリカ留学歴がある（西側のライフスタイルを好む）享楽《きようらく》主義者なのだ。権貴族（中国版オリガルヒ）と呼ばれる権力と富を結び付ける存在の中心が彼らであり、習近平にしてみれば、アメリカの金融システムを模倣《もほう》し、自分の意に反して親米的である。こんな金融エリートは、党と政府から排除すべき堕落《だらく》分子ということになる。

国家金融監督管理総局は、証券業以外の金融セクターを統一して管理強化するために作られ、同時に中国の中央銀行たる中国人民銀行に対する監督管理と、金融消費者を保護するという職責を担《にな》う。習近平は、金融政策の要《かなめ》が通貨政策だと考えており、以前から中国人民銀行の政策決定権を自らが掌握したがっていた。通貨を支配するものが金融を支配し、経済を支配できる、という考えだ。

この改革によって、これまで金融セクターの監督管理を担っていた中国銀行保険監督管理委員会は解体される。また、国務院傘下の事業単位であった中国証券監督管理委員会は国務院直属の機構に昇格。地方政府の融資プラットフォームに対する監視強化が狙いだ。この地方政府の融資プラットフォームは、まさに金融エリートたちの腐敗の温床《おんしょう》とまでいわれていた。

さらにもう一つの改革の目玉、国家データ局の創設だが、これはビッグデータ管理と保護を統一的に行う機構だ。デジタル資源の管理・開発・利用を統一的に掌握《しょうあく》するのが狙いである。

アジア協会中国分析センターの非常駐研究員の陳啓亭《ちんけいきょう》がウォール・ストリート・ジャーナルに語ったところによれば、このデータ局はインターネット安全監督管理機構の拡大を意味するという。

中国ネット空間の監督管理は、これまで国家インターネット情報弁公室や工業情報化部など複数の部門にまたがってきたが、実のところ、検閲《けんえつ》業務以外のデジタル方面の専門性を備えていなかった。今後、インターネット、デジタル、データ方面の専門知識を備えた統一的な監督管理システムへの全面的な改革を進める予定で、その一歩が国家発展改革委員会の傘下に創設された国家データ局になる。

国家データ局はインターネットから集積されたデータや情報を管理・コントロールすることになり、それは経済の安全のみならず、国家の安全にも直結する。経済・金融方面だけでなく、まさに治安維持や公安マターに関わる改革でもあるのだ。

改革プロセスが大粛清に

この機構改革プロセス自体が大粛清である。

まず、機構改革全体で国務院系の官僚総数は五パーセント削減され、全体的に官僚の職位が大幅に入れ替えられた。一体どれほどの事務職員を含む人間が政府部門から削減されるか、それは公表されていない。だが、一九九八年の中央政府と国有企業の改革を超える数の官僚、公務員、国有企業職員に影響を与えたと見られていた。

このプロセスで、習近平に反発する傾向のある官僚は、淘汰《とうた》されるか、あるいは粛清された。たとえば国家衛生健康委員会は、民生部に統合されることになった。建前は「人口老齢化政策に関連する職務を強化する」ということだが、国家衛生健康委員会内の感染症専門家の少なからずが、習近平のゼロコロナ政策に批判的で、抵抗していた。そんな官僚たちが淘汰されていった。

また、政府のやり方に不満を持つ庶民の陳情を受け付ける窓口、すなわち国家信訪局（陳情局）が、国務院直属機関となる。「人民の不満を緩和させるための機能強化」という建前だが、実際は陳情者の管理強化だ。

これら改革の理由を「アメリカとの金融・ハイテク・デジタルセクターでの競争力強化のため」としているが、こうした分野はプロフェッショナルな知識と経験が不可欠である。習近平の脳味噌で、アメリカなど欧米社会からの制裁に直面する金融・ハイテク・デジタル分野の立て直し政策ができるのだろうか。それは、毛沢東が「科学的」と呼んだ大躍進政策の二の舞いではないか。

実は全人代が始まる前、香港メディアが特ダネとして、「改革の目玉は、国務院機構である公安部（国内治安維持）と国家安全部（諜報《ちょうほう》）の機能を党中央に吸収することを目的とした中央内務委員会の創設である」と報じていた。

だが、実際に全人代に提出された国務院機構改革案では、公安システムの改革には言及されていなかった。

在米華人の時事評論家の蔡慎坤《さいしんこん》は、ツイッター（現X）で、こう指摘した。

「香港メディアの（中央内務委員会設置の）報道はおそらく観測気球で、国際世論を含めた社会各界の世論反応があまりにも大きかったので、一時的に棚上げにしたのだろう」

習近平の最終的な狙いは、やはり中国版KGBといわれるアンチ習近平派を粛清するための強大な治安維持機構の創設と、それを自らが掌握すること。そう考えると、公安・国家安全セクター改革は見送られたとしても、国務院の金融・デジタルデータ方面の権力を習近平が掌握することは、将来的にはハイテク・ビッグデータ管理システムを使ったデジタル・レーニン主義強化につながる。いや、それよりひどい、デジタル・スターリン主義が誕生するかもしれない。

このままいけば、大勢の官僚たちが粛清され、習近平の考える「科学的金融政策」で中国金融経済分野での大躍進が行われ、おそらく中国には、官民ともに死屍累々《ししるいるい》の荒野が広がるだろう。そこに君臨するのは「ビッグブラザー習近平」――という世にも残酷な寓話《ぐうわ》が現実になっていく。

15 現代の酷吏――農管

突如「ここで豚を飼うな」といわれ

二〇二三年四月下旬、湖南省郴州《ちんしゅう》市桂東《けいとう》県のある農村でのこと。農民の李《り》さんは一〇〇〇平方メートルほどの土地に生姜《しょうが》を植えて生計を立てていたが、ある日、畑に水をやりに行くと、植えていたはずの生姜がすべて掘り起こされていた。びっくりして四方八方に聞きまわったところ、「農管がやった」ことが分かった。

近年、中国の農民の敵、憎悪《ぞうお》の対象としてネットで話題となるようになった、あの「農管」だ。正式名称は農業総合行政執法局職員――。

かつて「城管」(城市管理総合行政執法局職員)と呼ばれる都市管理の行政執法局の職員が露天商らに対し、違法商売である、あるいは美観を損ねるなどといった理由で非情な取り締まりを行った。そのため現代の酷吏《こくり》(残酷な官吏)として悪名を馳《は》せた。

ところが、同様の小役人による民草《たみくさ》への支配と暴力が、いま農村にも広がっているのだ。

たとえば、河南省沁陽《しんよう》市で五〇匹の豚を飼っていた養豚家が、突然、農管から「ここで豚を飼ってはならなくなった」といい渡され、かつ、すべての豚を押収された。東北のある村では突如、焼き畑が禁止となり、違反者には一億元（約二〇億円）の罰金を科すと発表された。

また、湖北省では五〇〇〇人の農管隊が結成され、「徹底的に農民を管理する」といい出した。そうして、自宅にある池や庭で勝手に作物を育てるにも農管の許可が必要になったのだ。それどころか、自宅の庭で洗濯物を干すにも農管の許可が必要になった。

一部地域では「農管は農民に対して研修を行う必要がある」といい出し、研修費を徴収した。そして、「研修を受けなければ農業に従事してはいけない」などというルールを押し付けてきた……。

ある農管は、「交通警察と城管ができなかったことを農管はすべてできる」と豪語した。

農民は自分で農作物を選択できない

二〇二三年の春以降、農管の暴力がネットで次々と告発された。冒頭に紹介した李さんは、すぐに農管当局に生姜の損害賠償を請求した。すると農管サイドは、「生姜は国家の食料安全保障作物に含まれないので、水稲《すいとう》に植え替えねばならない、でなければ耕地の違法占有となる」といい出した。損害賠償を支払うどころか謝罪もなく、むしろ処罰するといわれた李さんは悔し涙を呑むしかなかった。

なぜ突如、いま農管のこうした横暴が目立つようになったのか？

農管の登場は、二〇二二年一一月に農村管理を強化する農業総合行政執法管理弁法が公布されたことがきっかけだ。さらに遡《さかのぼ》れば、二〇一八年から、習近平政権の「党と国家の機構改革」で、農管は新たに地方で設置されることになっていた。

その農管の任務は、たとえば劣悪な種子や苗を植えたり、基準値を超える農薬や肥料を使用したり、あるいは病気の家畜肉を違法に流通させたりといった違法行為を取り締まるほか、土壌環境汚染や疾病予防コントロールなどだ。

農村農民に対する、こうした管理・監督・指導は、それまでバラバラの部署で行われていた。が、二〇一八年の機構改革のときに、農村や農民に関する監督管理のすべてを農業農村部傘下の農管に統合する形になった。そのほうが、効率的に農民を監督管理できるというわけだ。

では、なぜ農村農民管理強化に力を入れているのか？　建前上は、習近平政権が農業と食料安全保障を極めて重視し、耕地面積の確保が喫緊《きっきん》の課題とされているからだ。

というのも中国は、もともと耕地面積が少なく、一四億の人口を養う食料安全保障問題は、以前からあった。そこにロシア・ウクライナ戦争で穀物の国際価格が急上昇し、食料安全保障に対する危機感が、さらに強まった。習近平政権は農耕地を確保するため、二〇二三年から、「退林還耕」（林を耕地に戻す）と「毀姜種糧《ききょうしゅりょう》」（生姜を壊し穀物を植える）を強引に進めた。

李さんが収穫前の生姜を掘り起こされたのは、まさにこのスローガンに沿った農管の行動であり、農民は自分で植える農作物を自分で選択することもできなくなったのだ。

このような農管の目に余る横暴は、皇帝・習近平の政策に沿ったものだという傲慢《ごうまん》さの反映であり、それはゼロコロナ政策で大白《ダーバイ》と呼ばれた衛生管理当局者や城管の横暴にも通じる。

都市経済が縮小し農村に向かった「現代の酷吏」

一九八〇年代に城市市容（都市景観）和環境衛生管理条例（都市景観環境衛生管理条例）が制定され、その条例違反を取り締まるために、城管は誕生した。

当時、都市に農民の出稼ぎ者が大量に流入し、都市は失業者と出稼ぎ農民であふれた。

それが景観や衛生を損ね、都市の資源を食いつぶすことになるとして、失業者や出稼ぎ農民たちによる露天商売など、無許可労働を取り締まることになった。

すると城管は、面白半分に屋台や商売道具を破壊したり、商品や売り上げを没収したり、高額な罰金を徴収したり、殴る蹴るの暴行を行った。彼らは警官よりもタチが悪く、暴力的であり、「現代の酷吏《こくり》」と恐れられた。

だが近年、コロナ禍による不況もあって都市経済が縮小し、出稼ぎ農民が農村に帰るようになった。すると現代の酷吏も、農村に向かったというわけだ。

酷吏が民草をいじめるという歴史は、古代中国から存在していた。ただ、それは何千年ものあいだ、都市部に限るものだった。中国は伝統的に、山は山賊が支配し、街は官吏が支配し、農村は地主が支配してきた。

「皇権不下県」(農村に皇帝の権限は及ばない)といい、県レベルの地方の農村にまで、皇帝や政府の権限は及ばないといわれてきた。

新中国になって地主が共産党に打倒されたのち、農村管理は党の末端組織が担《にな》った。中央から派遣された官吏とは違い、入党した農民が構成する党支部が担ったのだ。

これは、ある意味、伝統的な農村の社会秩序を受け継いだものである。中央統治のシステムの枠組みは、せいぜい県城（県政府所在地）まで。それより小さな農村は、伝統的な秩序による礼治システムによって統治されていたのだ。

だから農村では、農業用水の確保や土地争いの問題を、「械闘」という農民同士の武装闘争で解決することもある。また、腐敗した書記を農民が団結して追い出すような事件もあった。こういう農村の状況を、学者たちは「皇権不下県」の伝統が継続していると考えたのだ。

三農問題（農村、農民、農業問題）の専門家・温鉄軍《おんてつぐん》によれば、「秦《しん》が郡県制を敷いて以降、皇帝が県レベル以下の農村を統治することはなかった。それは小規模農村の余剰経済が小さすぎたからで、それが何千年も続いてきたのだ」という。

始皇帝にもできなかったことを目指す習近平

この「皇権不下県」は、現代でいうところの小さな政府の論理だが、習近平は大きな政府支持者であり、農村の隅々までを中央が統治支配し、監督管理したいと考えている。

もし、この中央の統治システムが法治であれば、これは農村政治システムの現代化とポジティブに評価されることかもしれない。だが習近平の独裁体制では、法治ではなく共産党の徳治、いや、いまや習近平個人の徳治、つまり習近平の意志に絶対服従の専制体制を農村の末端にまで広げるということなのだ。

これは秦の始皇帝《しこうてい》にもできなかったことだ――。

習近平が現在それをやろうとしているのは、デジタル・スターリン主義を可能にするハイテクの進歩で自信を持ったからかもしれない。だが同時に、農村に潜む「危うさ」に習近平が気づいたからかもしれない。

経済が悪化し、社会に不満が充満したとき、その不満を暴力で発散させたいという衝動が生まれる。それが団結して為政者に向かえば「政権転覆」、外国に向かえば「戦争」になる。両方を避けるには人民社会の適度な分断を起こすのが一番であり、それには身近に憎《ぞう》悪《お》の対象を作ることが肝要だ。

共産党は、かつて都市の知識人や富裕層の反抗を恐れたので、彼らを階級の敵として憎悪の対象にするプロパガンダを行ってきた。だが、農村の都市化や農民の知性化で、農民と都市民を分断しようとしても、以前ほど効果を発揮しない。農民の怒りも、団結して中央に向かう、そんな可能性が芽生《めば》えている。

だから農管による農村支配強化に出たのではないか？　農管を農民の身近な憎悪の対象

にして、農民の敵意が中央に向かわないようにしようとしているのではないか？

しかしそれは、結果的に農村をさらに貧しくし、農民をいじめる残酷な政策でもある。

実際のところ、秦の始皇帝ですら実現できなかった農村統治を、習近平ができるとは思えない。やがて、多くの農民が農管の背後に習近平体制の残酷さを見透《みす》かすだろう。むしろ中国統一後、たった一五年で、農民反乱をきっかけに滅亡した秦帝国の歴史が、リアルに現在の中国に重なって見えてこないだろうか。

16 大洪水は習近平による人災だ！

北京と習近平の造った街を守るための犠牲

二〇二三年八月一日以降、衝撃的な動画がネットにあふれた。

白く水煙を上げる濁流が水門から一気に流れ出し、河が氾濫《はんらん》し、泥水が滔々《とうとう》と街に押し寄せた。人や車が、なすすべもなく濁流に押し流されていく。

泡立つ濁流は青々とした麦畑をあっという間に呑み込んだ。鶏や卵が鶏舎ごと流され、牛や豚も流されていった。田畑や道路や街があったところは、すべて広大な泥色をした水たまりとなった。その深さは六メートル以上で、水の上にあるのは三階以上の建物、あるいは電柱、そして道路の標識や信号……。

それが北京との省境にある河北《かほく》省涿州《たくしゅう》市の光景だった。人口一〇〇万人あまりの地方都市と周辺の農村が、一夜にして水底に没したのだ。

では、自然災害だから仕方がないのか？　誰もそうは思っていない。北京と習近平の造った街「雄安《ゆうあん》新区」を守るために、犠牲を強《し》いられたからだ。

台風五号（トクスリ）は、台湾と香港を巧妙に避けて、七月二八日、福建省に上陸した。そして七月末の段階で二六六万人以上を被災させたのち、浙江省《せっこうしょう》、江蘇省《こうそ》、そして上海で被害を与えながら北上……熱帯低気圧に変わった七月末、北京を襲った。

七月二九日から約六七時間の集中豪雨によって、北京北西部は、気象データの記録が始まって以来、一四〇年ぶりの最大降水量、七四四ミリ以上を記録した。

北京で被害が集中したのは南西部の観光地、人気の門頭溝《もんとうこう》や房山《ほうざん》あたりだった。そこでは急激な増水により、永定河《えいていが》や小清河《しょうせいが》が恐ろしい濁流となった。そうして遊歩道までをも呑み込み、河沿いの道路に流れ込んで、自動車、街路樹、瓦礫《がれき》を巻き込み、津波のようなパワーで橋や建物を壊していった。

北京市での死者・行方不明者は、八月九日現在、五一人、被災者一二九万人……さらに雨雲は北上し、黒龍江省《こくりゅうこう》や吉林省《きつりん》でも大被害を出した。全体では、いったいどれほどの死者や被災者が出たのか分からなかった。

都市のために農村を犠牲に

おそらく被害が最も深刻なのは、冒頭に触れた河北省涿州市。八月一一日の段階では、河北省の死者は二九人、行方不明者は一六人、被災者は三八八万人だった。

だが実際、犠牲者の数は〇《ゼロ》が一つか二つは多い、と囁《ささや》かれている。水が引いたあとに遺体が放置されている様子などの写真や動画が、ネット上に表れては削除された。それを見ても、犠牲がそんなに少ないわけがない。

涿州市を襲った濁流は、実は自然の増水ではない。集中豪雨の増水に伴って、首都・北京を水害から守るため、河北省にある七カ所の「洪区」（遊水地）への水門が開かれたのだ。そのうち、二つの「洪区」が涿州市内にある。河北省に流れ込んだ水量は、三億から四億立方メートル。その水量と勢いは、想像をはるかに超えるものだった。

中国北部は、もともと降水量が少ない地域だった。雨が降っても土地の保水力は弱く、すぐに水が地表にあふれてしまう。そのため都市や重要地域を水害から守るためには、地表を流れる水を遊水地に誘導するのが洪水対策の基本だった。この遊水地を国家蓄滞洪区、あるいは洪区と呼ぶ。

これは中国全土で九八カ所あり、華北最大級の河、海河《かいが》流域では、二八カ所ほどある。「都市を守るために農村を犠牲にする」という発想自体も残酷なものだが、従来なら、農民は体一つで逃げて、水が引いたら戻り、再び田畑を耕作していた。

だが、いまや農村にも街が生まれ、貨幣経済が栄える。住民には財産もあれば知識もあり、情報発信もできる。農村の都市化に合わせた適切な洪区の見直しがされるべきであろう。

さらにいえば、洪区であっても、水深六メートルにまでなる増水は異常である。普段なら、河沿いの一部における冠水くらいで済むはずなのだ。

だから、「水門を開いて増水するので避難せよ」という通知は河周辺の一部地域にしか届かず、そのため多くの人が「通知なしで洪水がやって来た」と訴えている。しかも、通知は水が来る二時間前くらいだったので、避難が間に合わなかった人たちも多かった。

河北省書記が北京のために涿州を水没

異常な増水の理由は、早々に明らかになった。

河北省書記の倪岳峰《げいがくほう》は、八月一日から二日にかけて、保定《ほてい》・雄安の洪水対策救援任務に当たるなか、「蓄滞洪区を用いることで、北京の洪水圧力を軽減し、断固として首都を守る護城河となれ」と強調していた。護城河とは都市を守る河（堀）のことで、この場合、「北京を洪水から守る遊水地として犠牲になれ」と、まさにいま水害に苦しむ最中の人民に告げたのだ。さらに「雄安新区」に被害が出ていないことについては、「我々は試練に耐えた！」と喜んでみせた。

この発言が報道で伝えられると、多くの河北民は激怒した。「河北省書記なのに、河北の民に対する責任を放棄し、出世のことしか考えていない」「ただ皇帝（習近平）のことしか頭にない」「倪書記は北京官僚に出世するつもりらしい」……。

特に、涿州市の犠牲が少し南にある雄安新区を守るためであったということは、河北民を絶望させた。

この雄安新区は二〇一七年に習近平が打ち出した新たな国家級新区だが、その実、ほとんど人が住んでいないゴーストタウン。先端テクノロジー企業や研究機関を集め、北京の一部行政機関も移転し、二〇五〇年には人口二〇〇〇万人級のエコシティーにする予定で建設がスタートした。が、資金不足と不動産バブル崩壊のショックで、多くの工事は頓挫《とんざ》してしまった。

雄安新区は、習近平が自ら発案、計画、アレンジした「国家千年の大計」の一部である。しかも、注ぎ込まれた資金が二〇二四年時点で六七〇〇億元（約一三・四兆円）にものぼるので、誰も「失敗した」とは口が裂けてもいえない。

この雄安新区については、計画の段階から、多くの専門家が反対していた。中国科学院の地理学者・陸大道《りくだいどう》院士は、「雄安は人の住む環境ではない」「深刻な洪水が起きたとき、白洋淀《はくようてん》で必ず放水され、雄安は真っ先に水没する」と、計画地の選定を見直すように主張した。

というのも、雄安新区建設地のほとんどは、白洋淀と呼ばれる華北最大の湿地帯。北京や河北で水害が起きたとき、最も大きな自然の洪区となって、あふれた水を引き受ける場所なのだ。

つまり、河北で大水害が起きたときに最も多くの水を引き受ける湿地が、習近平の「千年大計新都市」（実は廃墟）に代わったために、水の行き場所が失われた。雄安に水が行かないように手前で堤防を造り、その手前の涿州市に、本来なら白洋淀が引き受ける水までが押し寄せ、滞《とどこお》ったのだ。

治水に失敗した者は皇帝の資格なし

さらにいえば、このとき「涿州市を水没させる」と決定したのは、涿州市書記の蔡華《さいか》自身だったという。涿州市の上級都市に当たる保定市書記は、涿州水没計画を知らされていなかった。蔡華自身が党中央政治局常務委員の蔡奇《さいき》（元北京市長）に対し、河北省の党委員会の頭越しに提言し、蔡奇が即断したという。二人は甥《おい》と叔父《おじ》という関係だと噂されている。

この蔡奇は「習近平三大酷吏《こくり》（残酷な官僚）」と綽名《あだな》されるほど冷酷で無慈悲《むじひ》な男。近年、共産党内で李強首相よりも習近平の寵愛《ちょうあい》を受け、側近のなかで最も権力を持っているといわれている。

ゆえに、この大水害、特に河北省の犠牲は、どう見ても天災ではなく人災なのである。そして、その人災の核心は習近平のポンコツ都市計画にある。

にもかかわらず、習近平はそのことをまったく反省せず、それどころか台風五号が上陸する直前には、「習近平の治水関連重要論述」を発表し、自らの治水事業は大成功した、と国を挙げて喧伝《けんでん》させた。これほど残酷なブラックジョークがあるだろうか。

暴れ竜のような大河が何本も流れる中国で、治水事業は、禹王《うおう》の時代から為政者の正統性を示す証《あか》しだ。逆に、治水の失敗は「皇帝」たる徳と能力がないということを示す。これに失敗すると、水害、干魃《かんばつ》、飢饉《ききん》といった天災が引き起こされるのだ。

重なる天災は、天が皇帝を見放したことの知らせであり、天に見放された皇帝の地位を簒奪《さんだつ》することが正当化される——それが「易姓《えきせい》革命」の思想だ。

だとすると、「習近平皇帝」の命運は、本当はもう尽きているのではないか。習近平や人民がそのことを認めず、習近平の独裁時代が続く限り、天災や人災は、今後も中国を襲い続けるのではないだろうか。

17 文化大革命以前に戻る中国

法律に加えられた非常に不気味な条文

二〇〇六年に施行された中国の治安管理処罰法（治安法）が、施行一七年目にして大幅に修正されることとなり、二〇二三年九月いっぱい、パブリックコメントが募集された。しかし人民からは、不安の声しか上がらなかった。

というのも、この改正治安法には、「中華民族の精神」「中華民族の感情」を傷つけるような服装や言動を処罰したり、警察が好き勝手にＤＮＡ、指紋、声紋などを採取したりできる条文が入ったからだ。

司法部部長の賀栄《かえい》は、この改正治安法の草案について、「わが国の社会治安の管理任務は非常に多くの新たな問題に直面しており、新時代のニーズに合った治安法に改正することが、国務院の二〇二三年の立法工作計画プロジェクトに盛り込まれた」と説明した。

治安法は行政法だが「小刑法」と呼ばれ、刑法と同様、治安に関する問題が対象となる。犯罪とまではいかないような軽微な違反に対応しており、行政責任と刑事責任をリンクさせる格好《かっこう》になっている。

一般的な行政法、たとえば食品安全法や消防法などは特定の専門領域を対象にしており、違反すれば重くても罰金程度だが、治安法は人々の生活に密接に関与し、時に拘留罰《こうりゅうばっ》もある。行政法のなかでは最も重い処罰が科される法律なのだ。

中国の治安法の特徴は、公安当局の裁量権がかなり自由であること。これは司法機関の手続きを通さず、公安当局が即決で拘留の可否や期間を決めることができるということでもある。不当に拘留されたのなら、もちろん国家賠償裁判を起こせることになってはいるが、すでに拘留されてしまっているわけで、公民の権利保護を著《いちじる》しく損なってしまう法律である。

そんな法律に、このときの改正では、非常に不気味な条文が増えた。

ジーンズもフェラーリも中華民族精神を損なうのか

改正案第三四条――英雄烈士への侮蔑《ぶべつ》などを取り締まるものだが、第二項「公共の場所で中華民族の精神を損なったり、中華民族の感情を傷つけたりするような服装を着用したり、ワッペンなど印を身に着ける、あるいは他人に強制的に着用させたり、身に着けさせるような行為」。

その第三項は、「中華民族の精神を損なったり中華民族の感情を傷つけたりするような物品や言論を制作、伝播《でんぱ》、宣揚《せんよう》、散布する行為」について規定し、こうした行為は最高五〇〇〇元（約一〇万円）の罰金、あるいは最高一五日の拘留という処罰が下せる。

では、「中華民族の精神」あるいは「中華民族の感情」とは、いったい何なのか？　この抽象的な言葉や概念については、法律のなかで説明がなされていない。つまり、法執行の現場で、公安当局者の個人的な認識や価値観で、それらが決まってしまう可能性がある。

多くの人々が想像したのは、かつて江蘇省蘇州《そしゅう》市の日本風情街《ふぜい》（高新区《こうしん》淮海街《わいかいがい》の日本風レストランなどが集中する地域）で和服を着て記念撮影をしていた女子学生が警官に詰《なじ》られたことに反論して、騒動挑発罪で連行された事件だ。

なぜ和服を着ると中華民族の精神を損なうのか？　「日本はかつて中国を侵略した国であり、その国の民族衣装を中国人が着ることは中華民族の誇りを傷つける」――そうした発想が一部の愛国的な中国人にあるからだ。

だが、そんな古い戦争の時代を知らない若者にとっては、日本は人気の海外旅行先である。加えて、アニメや映画で見た異国情緒あふれるファッションを楽しむことと中華民族の精神とは、なんら関係はない。和服を着ることで、もし中華民族の精神を損なうとしたら、日本アニメのコスプレはどうなのか？

今後、米中関係がさらに悪化すれば、アメリカ風のファッションはどうなるのか？　ジーンズなどアメカジファッションも、中華民族の精神を損ねることになるのか？

中国は農民や労働者を基層とする国家である。そんな国で、資本家やブルジョアの象徴たるフェラーリを乗り回すことは、中華民族の感情を害さないのか？　フェラーリがダメならベンツもレクサスもダメではないか？

法律の条文が抽象的なとき法執行者は

習近平政権は、ウイグル人、チベット人、モンゴル人など少数民族に対し、漢族化を進めている。同化政策を推進しているのだ。

これは民族固有の言語、伝統、文化を放棄させて、漢族と同じものにせよというもの。すると、ウイグルやモンゴルの民族衣装や、イスラム教やチベット仏教を象徴するようなワッペンやフラグを身に着けることも、「中華民族の精神」や「中華民族の感情」を損ねることになるのではないか？

実際、「中華民族の感情」は、ガラス細工のように、実に些細《ささい》なことで傷つけられうる。あるネットユーザーは、パブリックコメントで、こう指摘する。

「三四条を支持しないことは愛国者でないということ。だが法律を作るなら、最悪の想像をすべきだ。たとえば立法の発想自体は良くても、執行者が立法者の意図どおりに法執行するかどうかは分からない。法律の条文に抽象的概念があれば、それだけ法執行者の自由裁量が増え、権力の乱用をもたらすだろう」

また別のコメントには、以下のようなものがある。

「中華民族の感情を傷つけるという記述は、あまりに範囲が大きすぎるし、定義がはっきりしない。法執行のとき、その定義をはっきり説明できなければ、社会の団結を破壊する口実になり、社会動乱を引き起こすだろう。

また、『民族感情を傷つけた』ことを理由に、捏造《ねつぞう》や誣告《ぶこく》、あるいは悪意をもって公民の正常な生活や商売を攻撃する可能性もある」

ほかにも、「憲法三五条では、公民には言論、出版、集会、結社、旅行、デモの自由が認められている。いわゆる中華民族の精神がどのようなものか、どのような言論がそれを傷つけるのか、その議論も言論の自由の範疇《はんちゅう》だ。現場の警官部隊が勝手に決めるべきことではない」といった指摘もあった。

この改正治安法の特徴は、従来法よりも、さらに厳しくなっていることだ。罰金は従来五〇〇元（約一万円）程度だったのが、一〇〇〇元から最高五〇〇〇元まで上がり、拘留日数も一〇日以下だったものが一五日以下に延長されている。そして一四歳から一六歳未満の未成年に対しても、「一年に二回以上の違反」があれば行政拘留を執行できるようになった。

ほかにも物議《ぶつぎ》を醸《かも》している条文が多々ある。第四六条の「関連の規定に違反したドローンの低空飛行」に関する規定だ。子どものおもちゃのラジコンもドローンに入るのだろうか？

また第五九条には、「侮辱《ぶじよく》、侮蔑《ぶべつ》、威嚇《いかく》、取り囲み、バリケードなど、警官の法に基づく職務を妨害する場合は重処罰」という規定があるが、この侮辱や侮蔑の定義とは？

到来した「恐怖警察国家時代」

警察の法執行のプロセスも単純化された。

第九四条と第一〇三条では、「緊急の状況では、警察は現場で強制召喚や差し押さえを実施し、手続きは後回しで良い」としている。第一〇六条と第一二〇条では、一人の警官単独で法の執行ができることを認めている。また第一〇一条では、法執行の承認レベルは、もともと県級以上の政府公安機関の捜査証明文書の発行を必要としていたものが、単に「公安当局責任者の批准《ひじゅん》」という曖昧《あいまい》な表現に変わり、「一派出所長や隊長の判断で治安法を執行できる」とも読める。

さらに怖いのが、第一〇〇条の生物識別情報の収集に関する規定。公安当局者は、必要とあれば、DNA情報、声紋、指紋、血液、尿などの生物識別情報を自由に収集できる。これは、公安権力を一気に拡大した格好だ。

生物識別情報は「個人情報保護法」で守られるべき「敏感な個人情報」だ。いったん外部に漏《も》れて違法に使用されれば、その人の身体や安全にも影響する。たとえば、前述の違法な臓器売買の犠牲になる可能性だってあるのだ。

この治安法の前身は一九五七年に可決された治安管理処罰条例で、二〇〇五年に治安管理処罰法に切り替わり、翌年に施行された。一九五七年の治安管理処罰条例は中華民国時代の違警罰法にならったもの。当時の中華人民共和国には、まだ刑法がなく、この条例によって社会秩序が維持されていた。そしてこの法律は、かつて「階級の敵」を弾圧するために濫用《らんよう》されてきた歴史も持つ。

これが治安管理処罰法に切り替わったのち、犯罪を構成しない程度の治安を乱す行為についで懲罰し、社会秩序を維持するもの、と中身は多少マイルドになった……はずだった。だが、この改正が進むと、それはまさしく文化大革命以前の「恐怖警察国家時代」の到来を予感させる。

18 中国の混乱期の幕開けを告げる李克強の死

上海市での静養は事実上の軟禁だったのか

二〇二三年一一月二日、北京市の八宝山《はっぽうさん》革命公墓において、李克強《りこつきょう》前首相の遺体が茶毘《だび》に付された。検死もなく、明確な死因も発表されないまま、慌ただしく火葬された。

李克強は二〇二三年三月の全人代で首相を引退したばかりだったが、一〇月二七日午前〇時一〇分、上海市で静養中に死去した。享年《きょうねん》六八という、党中央指導者としては異例の若さだ。

突然の訃報《ふほう》に世界が衝撃を受けた。なぜ李克強は死んだのか？　なぜ上海市で静養していたのか？　なぜ、死因をはっきり調べようとしないのか？　そしてその死によって、中国にはどのような変化が訪れるのか？

そもそも不審な印象を与えたのが、突然の死去だった。一〇月二六日午後五時五四分に、党内関係者と思われる匿名人物がＳＮＳで、「李克強はすでに死亡している、いま当局から連絡があった」と投稿した。

二七日午前三時ごろには、李克強の死去の知らせは、すでにネット上で拡散されていた。その後、二七日午前八時一〇分、ＣＣＴＶ（中国中央テレビ）が正式に報じた。

現地からの情報を総合すれば、李克強は一〇月二五日から、静養の目的で上海市の東郊《とうこう》賓館《ひんかん》に逗留《とうりゅう》中《ちゅう》だった。二六日午前一〇時ごろからホテル内のプールで水泳をしていたのだが、三〇〇メートルくらい泳いだところで様子がおかしいことに中央警衛局から派遣された護衛官らが気づいた。そうして急ぎ、プールから引き上げたのだ。しかし、近くの病院に運び込まれたときには溺死の状態だったという。

ＣＣＴＶなどによれば「懸命の治療もむなしく死去した」といい、実際、ＥＣＭＯ《エクモ》（体外式膜型人工肺）などの救命装置も使用されたようだが、具体的な救命のプロセスなどについては明らかにされていない。

ＣＣＴＶは「突然の心臓発作だった」と報じており、心筋梗塞《しんきんこうそく》だとされている。だが夫人の程虹《ていこう》は、「李克強の健康状態は良かった。こんなことになるなんて、誰が想像できたかしら」と、憔悴《しょうすい》しきった様子で弔問客《ちょうもんきゃく》に訴えていたという。

そもそも、なぜ李克強は上海市に逗留していたのか？　上海市の現書記は陳吉寧《ちんきつねい》、その前の書記は現在の李強首相で、ともに習近平の子飼いの部下……もし静養の必要があるのなら、習近平派に牛耳《ぎゅうじ》られている上海市よりも北京市や安徽《あんき》省、あるいは河南《かなん》省のほうが、李克強にとっては心休まる環境だっただろう。

安徽省合肥《ごうひ》市在住の李克強の親戚筋の話では、彼は引退後、あまり移動の自由がなく（党中央指導者は引退後も旅行などをする場合に党中央の認可がいる）、生誕地・合肥市への里帰りの認可も下りなかったという。だから中国のネット上では「被心臓病発作」（心臓発作を起こさせられた）、「人工死亡」（人為的な死亡）などという表現で、暗殺や謀殺を疑う声があふれた。

上海市での静養とは、すなわち習近平が引退後も李克強を監視するための事実上の軟禁だったのではないか、と噂された。

新京報《しんけいほう》など一部のメディアが一〇月二六日夜に「二七日午前〇時一〇分死去」とフライングで報じていたので、本当の臨終時刻は二六日夕方五時ごろではなかったかと見られている。それを二七日午前〇時一〇分に設定したのはなぜか、と不審がる声もあった。というのも、「午前〇時一〇分」とは、まさに毛沢東《もうたくとう》が死去した時間と同じだったからである。単に党として「訃告《ふこく》」（訃報）の準備を整えるための時間稼ぎだったのか、あるいは何か示唆《しさ》を込めた時刻だったのか……。

首相の仕事をさせてもらえなかった一〇年間

なぜ李克強の死を不審に思う人が多いのか――それについては、まず彼の政治家としての評価と習近平との政治的対立関係を知る必要がある。

李克強は安徽省出身で、文化大革命中は安徽省鳳陽《ほうよう》県大廟《たいびょう》人民公社生産隊に入り、大隊党支部書記も務めた。そして文革後に大学受験制度が復活したあと、一九七八年、鳳陽県首席の成績で北京大学法学部に入学した。一九八二年に卒業、その後は北京大学の共産主義青年団（共青団）委員会書記などを務め、一九八五年の日中青年交流では、中国青年代表団副団長として訪日したこともある。このときの団長は胡錦濤《こきんとう》だ。

そうして共青団幹部在籍のまま、北京大学経済学院で経済学博士号を取得し、経済通の官僚政治家として順調に出世していった。真面目《まじめ》な秀才肌で、卒業時にはトップの成績であったという。英語が堪能《たんのう》だったので国費によるイギリス留学の選択肢もあったそうだが、共青団の先輩に当たる胡錦濤らに嘱望《しょくぼう》され、あえて官僚政治家の道を選んだという。

すると四三歳、史上最年少で河南省省長となり、四年後には河南省書記に就任、二〇〇七年の第一七回党大会では遼寧《りょうねい》省書記の身分で政治局常務委員入りした。そして翌三月の全国人民代表大会（全人代）で、四人の副首相の一人として最年少で就任したのだ。

胡錦濤は、本当は李克強を自分の後継者、そして総書記候補にと望んでいたが、当時、「胡錦濤政権」vs.「江沢民《こうたくみん》院政」の激しい権力闘争があり、最終的に江沢民派が推す習近平が総書記候補に、胡錦濤派が推す李克強が首相候補に、という形に決着が付いた。そうして二〇一二年秋の第一八回党大会で政治局常務委員を連任し、習近平に次ぐ序列二位で、温家宝《おんかほう》の後任として、首相に就任した。

こうして、党内政治と外交を総書記であり国家主席である習近平が主管し、経済を首相の李克強が主管する「習李体制」が二〇一三年からスタートすると、誰もが思っていた。だが、そうはならなかった。習近平は、鄧小平《とうしょうへい》が作り上げた共産党の集団指導体制をそのまま受け継ぐのではなく、習近平個人があらゆる権力を掌握する個人独裁体制にシフトしていこうと当初から考えていたからだ。

習近平は総書記就任後、「中央全面深化改革領導小組」といった新しい党中央機構を作り、また本来は首相が組長を務める「中央財経領導小組」の組長にも自らが就いた。経済政策の主導権も首相の李克強から奪い始めたのだ。

李克強は、首相就任当初から簡政放権（地方や民間に権限を開放し、中央の管理統制を緩める）や、サービスの最適化、市場メカニズムの重視、民営のマイクロビジネス奨励などを含む「リコノミクス」と呼ばれる経済政策を打ち出していた。しかし、これら政策が、ことごとく習近平の打ち出す党中央の経済方針とぶつかった。

習近平は、「国進民退」（国有化推進・民営経済後退）や党中央による市場コントロール強化、あるいは「混合経済」という建前で、民営企業に対する党による管理強化を打ち出していた。しかし、これは「改革開放」（市場化・対外開放）を逆走する路線……「毛沢東回帰路線」と陰でいわれていた。

習近平政権の一〇年間、李克強は首相を務めたが、ほとんど首相としての仕事をさせてもらえなかった。そして首相就任当時に話題になったリコノミクスは、完全に、中国の経済政策から削除されてしまったのだ。

完全に対照的な習近平と李克強の人生

習近平と李克強は、何から何まで対照的だった。

習近平は清華《せいか》大学卒業の法学博士という触れ込みだが、実は学力はない。文化大革命中、すなわち大学入試が行われていない時代に無試験で入学した特待生だったからだ。一方の李克強は鳳陽県トップの成績で北京大学に入学した秀才エリートだ。

また習近平は国際感覚ゼロで、かつ日本嫌いで有名。片や李克強はイギリスへの国費留学も内定していた経歴もあり、英語も得意で、かつ日中青年交流に参加した日本好き。さらに習近平は建国の元老・習仲勲《しゅうちゅうくん》の息子という「親の七光り」で出世。李克強は共青団エリートとして実務が評価されて出世。加えて習近平は経済音痴だが、李克強は経済学博士号を持つエコノミストだ。

……こうした違いから、習近平は、李克強に対して猛烈なコンプレックスを抱いていたといわれている。

そうしたこともあってか、春に行われる全人代では、政府活動報告を読み上げる李克強の表情が、年を追うごとに苦渋に満ちていったように見えた。「健康状態が悪くなっていくのは、習近平からの虐《いじ》めによるストレスのせいだ」などと、共産党内部の人間や官僚たちのあいだでは噂されていた。

習近平は、二〇二二年秋の第二〇回党大会で、異例の三期目となる総書記に継続して就任した。同年上半期の段階では、主導したゼロコロナ政策の失敗で、共産党内や人民の不満の矛先《ほこさき》は、習近平に向かいかけていた。党内には、「習近平は責任を取って引退すべきだ」と主張する反習近平派の存在があった。

こうした反習近平派は、習近平より二歳若い李克強を押し立てていた。「習近平が引退しても、まだ定年の年齢に達していない李克強が総書記になればいい」と考え、「習下李上」(習近平が下野し李克強が総書記になる)、あるいは「習不下李上」(習近平は政治局常務委員に残留し軍事委員会主席を継続するが、李克強が総書記と国家主席になればいい)といったフレーズがネットで拡散されていた。このような意見が習近平をいら立たせていたことは、いうまでもないだろう。

しかし最終的には、なりふり構わぬ習近平の権力行使によって、李克強は政治局常務委員のみならず中央委員まで引退する「裸退」(完全引退)と決まった。側近だけで固めた政治局常務委員会を率いた習近平が、独裁的に三期目をスタートさせた。

そんななか、第二〇回党大会閉幕式では、李克強を終始導いてきた共青団の先輩政治家・胡錦濤前総書記が、習近平によって会場から強制退場させられる屈辱的な一幕もあった。こうして李克強が属する共青団派は、党内から、完全に排除される格好になった。

その李克強が首相として最後に出席した二〇二三年三月の全人代では、最後の別れの演説で、「人在幹、天在看、蒼天有眼」(おてんとうさまは見ている)と、意味深な言葉を残した。が、これは官製メディアの記事から削除されている。李克強としては無念の完全引退ではなかったか、といわれている。

「中共は毒殺の手法で心臓発作を起こす」

李克強の死に際し、あるブログでは、「上海は先端医療水準が一番高い都市。六八歳で死ぬものか。死因は『一カ月一〇〇〇元六億』(李克強の発言) だろう」といったコメントが投稿されていた。

「一カ月一〇〇〇元六億」とは、二〇二〇年五月の全人代のとき、李克強が記者会見で「中国には一カ月一〇〇〇元以下の収入の人が六億人もいる」という、中国の深刻な貧困の現状を訴えた発言のことだ。これは当時、習近平が自ら指揮した「脱貧困政策」に対する強烈な皮肉だと受け取られていた。この発言によって習近平はメンツをつぶされ、ゆえに李克強を憎み、いろいろ嫌がらせをしたのではないか、そのストレスが死因につながったのではないか、あるいは暗殺されたのではないか、というニュアンスが込められたコメントだ。

また「李克強の死因は『莫高《ばっこう》』だ」というコメントもあった。二〇二三年八月三一日、完全引退した李克強が敦煌《とんこう》を旅行した際の動画がネットで拡散された。李克強が莫高窟を見学していると、同じ場にいた旅行者や市民から「李克強コール」が起きて、市民が引退後も彼を支持し続けている様子がうかがえた。

その夏は、河北省大洪水、原潜事故、秦剛《しんごう》外相失脚、ロケット軍幹部連続失脚、そして経済政策の失敗などが問題視され、習近平が八月の北戴河《ほくたいが》会議で長老たちから責任を問われるだろうといわれていた。側近に対して逆ギレしたなどという噂も流れ、習近平が追い詰められていると見られていた。

そのタイミングで、引退した李克強が敦煌に姿を見せ、市民から大きな声援を受けた。ネット上では李克強政界復帰待望論が流れた。以降、「莫高」は、李克強の復帰待望論を意味する隠語となっていたのだ。

つまり、李克強が完全引退していても、健康で生きている限り、共産党内も人民も彼に期待する。それゆえ習近平にとっては、彼の存在が邪魔だったのではないか、だから亡き者にしたいと思っていたのではないか、というわけだ。

李克強の国内移動を党中央が容易に認可しなくなったのは、この甘粛《かんしゅく》省への旅行のあとだとされてもいる。

ネットやSNSでは、李克強の死について、「残念だ、最も好きな政治家だった」「逝くべきでない人が逝った」「死去させられた!」「心臓発作を起こさせられた!」「これで習近平は気に入らない人物を完全排除できた」「水は非常に深い(真相は深い)」「彼は知りすぎたのだ」「習近平はデスノートを持っていた?」「中共は毒殺の手法で心臓発作を起こすことがよくある」「共産党幹部は毎年臓器を替えて長生きするのに、六八歳は若すぎる死だ」「ウィニー・プー(習近平を指す隠語)のせいだ」「プーチンのスタイルに倣《なら》ったのかな」……といったコメントが書き込まれては削除された。

天安門事件と李克強の死との関係

李克強の死が不審に見える理由は、まだある。その訃報(訃告)の扱いが異様に軽かったこと、また火葬があまりにも慌ただしく行われたこと、などだ。

李克強の訃告は一〇月二八日付の新聞に掲載されたが、このとき、人民日報の題字は赤いままだった。ネットのポータルサイトも極彩色《ごくさいしき》のまま。そして訃告の大きさは、紙面の半分に留まった。

一方、二〇二二年一一月三〇日に江沢民が死去したときの訃告記事を載せた人民日報の題字は白黒……その他ネットメディアも全部白黒にし、弔意《ちょうい》を表して報じた。世間では娯楽関連の催しものが全面的に禁止され、社会全体が喪に服し、そして訃告は新聞一面すべてを使って報じられた。

これは元総書記・国家主席と前首相の政治的地位の差であり、李克強の訃告の扱いは二〇一九年に死去した李鵬《りほう》元首相に準じていると、香港メディアは言い訳のように報じていた。が、引退して二〇年前後の江沢民や李鵬と、つい七カ月前まで現役の首相だった人間ならば、やはり李克強の死のほうが、中国社会にとってより大きな影響があるだろう。この訃告記事の扱いの異様な軽さは、「習近平が敢えて李克強の死を小さく扱い、素早く社会から忘れ去らせようとしているのではないか」と疑われた。

さらに一〇月三一日、中国当局は李克強前首相の火葬を一一月二日に行うと発表。正式な追悼式なども行われぬまま荼毘《だび》に付された。

この火葬があまりに慌ただしいと、元新華社記者の顧万明《こばんめい》が、一共産党員として陳情書をネット上で公開した。この陳情書の要求は主に四つ。

①李克強の遺体火葬の中止。

②党中央と国務院はすぐさま合同調査チームを設立し、李克強が上海でその日どういう行動の末に突然死したのか調査し、死因の真相を究明。
③李克強の遺体に対する解剖。
④李克強の国家と党の指導者としての立場、改革開放および民富国強建設のなかにおける彼の貢献に見合った、国民追悼《ついとう》大会の開催。

顧万明は一九八九年の天安門事件には直接的に言及してはいない。しかし、「三四年前の胡耀邦《こようほう》の死去後、その評価と追悼儀式の問題において、広範な人民大衆の要求との不一致が社会の不安定化の一因となった」と指摘し、暗に李克強の死をめぐる状況が天安門事件を引き起こした胡耀邦元総書記の死去のときと似ていることをほのめかした。

改革開放を積極的に推進した胡耀邦は、人民のあいだで人気が高く、そのことから鄧《とう》小平《しょうへい》が嫉妬して失脚させられたとされる。その後、間もなく病死した胡耀邦については、「鄧小平に殺されたも同然だ」と、人民の同情が集まった。その死を惜しんだ若者たちの追悼集会が、鄧小平の独裁反対、民主化希求のデモへと波及し、最終的に武力で鎮圧《ちんあつ》された天安門事件へと発展したのだ。

つまり顧万明の陳情書は、「人々のあいだに流れる疑惑をはっきりさせよ」と習近平政権に申し立て、「この死の疑惑が晴れなければ、一九八九年の天安門事件当時のような抗議運動を引き起こしかねない」と警告したのだ。

実際、李克強の故郷である安徽省の生家や、合肥市の実家周辺、李克強が書記として長らく勤務していた河南省鄭州《ていしゅう》市の公園などでは、一〇〇万人規模の献花行列が自発的にできていた。これらを習近平政権が表だって弾圧することはなかったが、大勢の私服警官や監視の党員を配置し、献花に添えられたメッセージを逐一検閲するなど、厳戒態勢を敷いた。

また大学や企業の党委員会に対しては、学生や社員が追悼活動を行わないよう監視し、管理を強化するように通達が出された。特に上海の一部の大学では、学生党員がクラスメートの言動を監視し、逐一報告するよう指示が出ていたことも確認されている。まるで密告を奨励しているようではないか。

中共内部で起こる新たな権力闘争

結論からいえば、李克強の火葬は北京市の八宝山革命公墓で速やかに行われ、そして速やかに忘れられていった。

火葬当日の八宝山や天安門広場周辺では厳戒態勢が敷かれ、高瑜《こうゆ》ら当局から危険視されているフリージャーナリストや民主活動家に対しては禁足令が出された。また市民の追悼集会も行われないよう厳しく監視されたが、その日が過ぎると、そのまま北京市は日常に戻った。安徽省の献花活動も、そのまま収束した。

天安門事件の再来は、とりあえず、避けられたわけだ。やはり、天安門事件の際に人民の抗議運動が戦車で踏みつぶされた恐怖の記憶は、まだ生々しく残っているのだ。そのため人民も、一九八九年のときのように、簡単には行動を起こせない。

だが、国内外の識者、チャイナウォッチャーたちは、このままでは李克強の死の影響は収まらないと見ている。

台湾の韜略《とうりゃく》策進会副秘書長の呉瑟《ごしつ》は、「李克強の死去を契機に中国が二つの点で大きく変わる」と予測する。以下のようなものだ。

「目下、習近平が全面的に権力を掌握している独裁状態で、習近平派閥以外の共青団派や江沢民派の残留勢力はどうなっているのだろう。ますます習近平派閥が大きくなっていく過程で、他の派閥残党がこれに吸収されていくとすると、中共内部で新たな構図の権力闘争が起きるのではないか？」

「李克強は共青団派の代表として、胡耀邦から胡錦濤までの改革開放路線を引き継ぎ堅持してきた重要人物であり、一方の習近平は、それを妨害し、対抗してきた。その李克強が死去したことで、改革開放路線を強く堅持しようという勢力はもうなくなった。中国の経済発展の方向は、大きな転換期を迎えるのではないか」

つまり、党内における権力闘争の構図やバランスが大転換し、新たなステージに入る可能性があり、改革開放路線を完全に逆走して社会主義的な計画経済路線に回帰する可能性がある、ということだ。

もしそうなれば、中国の経済はこの先、好転することのない長い長い停滞期に入るだろう。そして国際社会で孤立し、特に西側社会からのデカップリングが強まる。そのことは、ある程度まで国際化の恩恵を受け、豊かさと自由の価値観に触れた多くの中国人民の不満を、より増大させることになるだろう。

だが、前首相ですら不審な形で突然死するような恐ろしい時代に、その不満を簡単に発露させることは許されない。圧力鍋のなかで溜まったような強い不満のエネルギーを、習近平は、どのように処理するのだろうか？

同時に、すでに対抗派閥を完全に排除した党内では、新たな派閥内闘争が起きる。すると共産党内における自身の求心力は、むしろ消失する危機に直面する。

毛沢東にいじめ抜かれて死去した劉少奇《りゅうしょうき》や周恩来《しゅうおんらい》、鄧小平に失脚させられて死去した胡耀邦……中国の優秀な官僚政治家は、しばしば、無念の死に見舞われる。謀殺であれ、ストレスによる病死であれ、残酷な中国政治に殺されたということなのだろう。

だが彼らの死は、常に一官僚政治家の死に留まらない。中国の大きな変化の呼び水となってきたのだ。

おそらく李克強の死も、中国の混乱期の幕開けを告げるものとして、後世の歴史家に語られるのではないだろうか。

第三章　企業家たちの悲劇

19 習近平の民営企業いじめが止まらない

「民営企業いじめ」本当の狙い

中国の著名企業家で河北大午《だいご》農牧集団の創業者・孫大午《そんだいご》が二〇二〇年一一月一一日未明、突然、警察に連行され、逮捕された。容疑は「騒動挑発罪」「生産経営破壊」だという。

この事件より一週間ほど前の一一月三日、カリスマ経営者の馬雲《ジャック・マー》が作り上げたアリババ帝国を揺るがす事件――傘下のアント・グループ（電子決済サービス「アリペイ」運営）の上場取り消しがあった。それ以外にも、民営企業が続々と共産党政権に接収されたり、経営の妨害をされたりしていた。

いったい、この「民営企業いじめ」の本当の狙いは何なのだろう？

孫大午は当時、六六歳。河北省の農村出身で、一九八四年に鶏一〇〇〇羽、豚五〇頭から農牧業を起業。一九九五年には「中国民営企業トップ五〇〇社」の一つにまで成長した。大午集団は従業員九〇〇〇人以上、固定資産二〇億元（約四〇〇億円）、年平均生産額は二〇億元超えという超優良企業だ。

経営は食品加工、養殖、観光、教育、医療と多岐《たき》にわたる。周辺の国有農場よりも利益率が圧倒的に高く、地域に貢献していた。だからこそ孫大午は、国家の庇護《ひご》のもとに胡坐《あぐら》をかいた国有農場や国有企業の在り方、そして共産党の経済政策について、しばしば厳しい意見を発表していた。

たとえば二〇〇三年四月三一日、企業サイトで「小康社会の建設と課題」「李慎之《りしんし》を悼《いた》む」「二人の民間商人の中国の時局と歴史に関する対話」といった三つの文章を発表したところ、地元公安局から「国家機関のイメージを著《いちじる》しく損なった」としてサイトの閉鎖を命じられ、六カ月の営業停止と罰金一万五〇〇〇元（約三〇万円）を科されたことがあった。

趙紫陽《ちょうしよう》に影響を与えた開明派の元社会科学院副院長の李慎之を尊敬し、その死を悼み、中国社会をよりよく豊かにするために建設的な意見を公表したことが、国家のイメージを損なうと断罪された。

その年の五月二九日に、孫大午は三〇〇〇人の農民から一億八〇〇〇万元（約三六億円）の資金を違法に集めたとして逮捕され、同時に違法に弾薬を所持していたなどとされた。結局、彼は懲役三年、執行猶予四年、罰金一〇万元（約二〇〇万円）を科され、また大午集団としても三〇万元（約六〇〇〇万円）の罰金を支払わされた。

従業員宿舎を国有農場が強制撤去へ

大午集団は民営企業として成功し、多くの雇用を生み出し、地元農民には支持されていたが、国有金融機関はこうした民営企業に融資せず、大午集団は事業拡大のために地元農民からの投資を募ったのだった。こうした資金集めは当時、決して珍しいことではなかったが、難癖《なんくせ》をつけられた。

このとき孫大午を弁護した法律家のなかには、新公民運動の旗手として知られる法学者・許志永《きょしえい》もいた。二〇一四年に公共秩序騒乱罪で四年の実刑判決を受け、刑期を終えて出所していた許志永は、二〇二〇年二月に習近平退陣論を発表したため、再度、身柄を拘束され、のちに国家政権転覆煽動罪《せんどうざい》で逮捕、一四年の実刑判決を受けた

二〇二〇年一一月には孫大午だけでなく、妻、息子の現・大午大集団董事長《とうじちょう》の孫萌《そんもう》、および幹部十数人も連行された。未明に約三〇〇〇人の警察が包囲し、地方政府が大午集団を全面的に接収したという。

逮捕理由は詳しくは報道されていないが、二〇二〇年八月に大午集団の従業員宿舎を近

くの国有農場が強制撤去しようとしたため、大午集団の従業員がこれに抵抗し、警察との衝突事件を起こしていた。このとき二〇人以上の負傷者が出ており、大午集団は、その日、工会（労働組合）会議を招集し、地方当局の弾圧に対する抗議を発表したのだった。

また孫大午は、二〇二〇年五月、SNS上で許志永ら人権派弁護士を称《たた》え、（当局に身柄を拘束されて）行方不明の彼らに関心を持ち続けるように訴えていた。一〇月にはラジオ・フリー・アジアの取材で、中国の経済体制について「公有制度は共産党が発明したものであり、社会主義経済の基礎は本来、私有経済であるべきだ。だが、実践上、非常に実現は難しい」などと私見を述べた。これも当局から睨《にら》まれる理由だったかもしれない。

お灸を据えるために上場中止

この事件より一週間前の二〇二〇年一一月三日、Eコマース最大手アリババ傘下のフィンテック企業、アント・グループの上海と香港での新規上場予定が急に取りやめになった。アントは一一月五日、約三五〇億ドル（約五兆二五〇〇億円）規模のIPO（新規株式公開）計画を進めていた。

アリババ創業者の馬雲や董事長の井賢棟《エリック・ジン》、あるいは総経理の胡暁明《サイモン・フー》らが一一月一日に、中国人民銀行、中国銀行保険監督管理委員会（現・国家金融監督管理総局）、中国証券監督管理委員会、国家外貨管理局との合同聴取に呼び出されていた。おそらくは、中国当局が近々発表すると考えられていた少額ローンに関する法律に照らし合わせて、「アントが上場条件を満たしていない」として、警告を受けたのだろう。

だが本当の理由は、習近平が馬雲に「お灸《きゆう》を据《す》える」のが目的だろうといわれている。この急な上場取り消しは、習近平が直接くだした指示だったらしい。

アントは民営金融企業の雄。「花唄《ファーベイ》」「借唄《ジエベイ》」と呼ばれる個人向け、あるいは個人経営者向けの手軽なクレジットサービスや消費者ローンで、いまや国有や公有の銀行と同等、いやそれ以上に中国社会の経済・金融に影響力を持つ。この影響力が、そもそも習近平は面白くないようだ。

習近平の経済路線は反鄧小平《とうしようへい》路線といわれ、共産党が経済・金融をことごとく指導し支配する公有制を主とする計画経済に立ち戻る方針と見られている。だが、アントのような民営金融は、少なくともこれまでは、そのコントロール外にあった。

また、二〇二〇年一〇月二四日に上海で開催された外灘《ワイタン》金融サミットで、馬雲は「中国の金融にシステミックリスクはない、なぜならシステムがないからだ」と、かなり挑発的な文言《もんごん》を織り交ぜながら、中国内外の規制がイノベーションを阻害し、発展や若者の機会を十分に大切にしていないことを批判していた。これは習近平からすれば、共産党に喧嘩《けんか》を売っていると感じられたかもしれない。

当時の中国銀行保険監督管理委員会消費者権益保護局の郭武平《かくぶへい》局長は一一月二日、「花唄」「借唄」について、「一部の低所得者層や若者を債務の罠《わな》に陥《おとしい》れ、消費を先取りするよう誘導している」と攻撃した。たしかに花唄や借唄は、実質的にはクレジットカードや消費者金融と大差ないにもかかわらず審査は緩く、使いすぎの問題がないとはいえない。が、中国の銀行がカバーしきれない庶民の生活資金や零細《れいさい》ビジネスへの融資を支えるサービスによって、利用者は急増し、純利益率も二〇二〇年上半期で三〇パーセントを誇った。これはやはり、いいがかり、と感じる人もいただろう。

求められる共産党への従順さ

こうした習近平の民営企業いじめ、民営企業つぶしは、あからさまになっていた。典型的なのは、香港で失踪した富豪企業家・蕭建華《しょうけんか》率いる明天集団傘下の九社を、二〇二〇年七月までに接収したことだ。この事件は民営企業家たちを大いに震え上がらせた。

かつて全国工商聯《れん》農産商会代表を務めたこともある老企業家で北京金百瑞集団董事長の蔡暁鵬《さいぎょうほう》は、二〇一九年秋の非公開の企業家会議で、「企業はいま、なぜパニックに陥《おちい》っているのか。それは、あまりに公権力がやりたい放題にやっているからだ」と批判した。

習近平政権になってから民営企業は、経営手腕よりも「党の一切の指導」に従順であることを求められ、少しでも反抗的な言動をすれば容赦《ようしゃ》なく経営を妨害され、最悪の場合、資産を接収された。

おそらく、習近平は民営企業家が恐ろしいのだ。大企業を運営し、金を儲け、人々から絶大な支持を集めるカリスマ経営者は、誰が見ても習近平より優れた指導者の資質を備えている。

コンプレックスの強い習近平は、政権の座に就《つ》いてから、優秀な政治家や官僚を次々に失脚させてきた。そのせいで、党にも行政にも、優秀な人材が欠乏している。あるいは、そこにいる人材が優秀であっても、萎縮《いしゅく》し、力を発揮しなくなった。その傾向がいま、民間の経済界にも広がりつつある。

習近平は長期独裁体制を築こうという野望に燃えている。つまり民営企業受難の時代は、これからが本番だ。その受難は、世界の経済失速へと連鎖していくかもしれない。

20 英雄から悪鬼に転落した企業家の「ニラのような運命」

英雄の座から転落した企業家

かつて、中国の人々のあこがれであったカリスマ企業家、中国最大手Eコマース企業アリババの創業者・馬雲《ジャック・マー》。「馬爸爸《マーババ》」（マーとうさん）という愛称で呼ばれ、子どもたちは「頑張れば馬爸爸みたいになれる」と教えられ、また「なりたい」とも思っていた。中国メディアは、彼を立志伝中の人物として何度も特集を組んできた。

だが、二〇二〇年の秋以降、中国主要メディアやネット世論は、馬雲のことを「庶民から搾取する吸血鬼」「邪悪な資本家」としてバッシングを開始。そして、馬雲の行方《ゆくえ》は分からなくなった。

馬雲はどこへ行ったのか？　そしてなぜ、立志伝中の英雄の座から転落したのか？

アリババは、いまやアリペイという電子マネーを中心に、金融、保険、ソフト開発、クラウドサービス、ネット検索、実店舗スーパーまで、幅広い事業を世界二四〇カ国・地域以上で展開している。海外ユーザー数は五三四〇万人を超え、「アリババ帝国」とまで呼ばれる中国発のグローバル企業だ。

馬雲自身は浙江省《せっこう》杭州《こうしゅう》市のあまり裕福ではない芸人の家庭に生まれ、成績も良くはなく、二度も大学受験に失敗している。三度目の挑戦で大学に入学し、得意の英語で時流に乗って成功を手に入れた努力の人だ。

観光地・杭州にいる外国人観光客を相手に独学で英語を磨き、大学卒業後は英語の教師を経て翻訳会社を興《おこ》し、渡米したときにインターネットの可能性に気づいた。そうしてITビジネスの世界に邁進《まいしん》していった。アリババの本社はいまも浙江省杭州にあり、北京でも上海でもない杭州がいまや起業家の目指す聖地となった。

名門大学を出たエリートではなく、裕福でもない庶民が世界屈指のカリスマ経営者にのし上がった。

チャイナドリームを体現する伝説のヒーローであり、優秀な共産党員として中国共産党政権にとっては格好の宣伝塔でもあったはずだ。なのに……。

馬雲への風当たりがひどくなってきたのは二〇二〇年の秋以降。二〇二〇年一〇月二四日に、上海の金融サミットで、馬雲が公然と自分たち民営企業への政府の締め付けや規制強化を批判したことがきっかけだ。

すると人民日報やCCTVなど中国中央メディアが、直接的あるいは間接的に馬雲やアリババを批判する報道を展開した。また、SNSでも五毛党（共産党のネット世論誘導集団）たちが馬雲の写真に牙《きば》を付けたり、尖《とが》った耳を付けたりして、ドラキュラや悪魔のように見立てたコラージュをばらまいた。金持ち成功者に対する庶民の妬《ねた》みと悪意を煽《あお》ったのだ。

勝ち負けを嗅ぎ分ける庶民

アリババの商売のやり方にも阿漕《あこぎ》な面はあった。「二選一」（二者択一）といって、「アリババ傘下のECプラットフォームに出店するなら競合他社のプラットフォームを使ってはならない」というルールを、立場の弱い小売店や中小零細《れいさい》企業に押し付けた。

また、九九六勤務（午前九時から午後九時の一二時間労働、週六日出勤のブラック労働）を奨励し、大衆からの労働搾取だと反感も買っていた。

だが大衆は、アリババが政治的に追い詰められている空気も嗅《か》ぎ取っていた。

過去に何度も政治動乱に巻き込まれて苦渋《くじゅう》を味わってきた中国の庶民は、政治の風向きや共産党幹部の権力闘争に敏感だ。昨日まで英雄だった人物が突然、階級の敵としてその全人格を否定され、三角帽をかぶせられて、大衆の前で吊し上げられる光景を何度も見てきた。

庶民は自分の身の安全のために、いち早く共産党内闘争の負け組と勝ち組を嗅ぎ分け、勝ち組が「階級の敵」と名指しした負け組の人間に対し、一斉に礫《つぶて》を投げる。そうしなければ、今度は自分たちが「階級の敵」にされてしまうからだ。

アリババ傘下のフィンテック企業、アント・グループが二〇二〇年一一月五日に予定していた香港・上海株式市場への重複上場計画は、一一月三日に急遽《きゅうきょ》、差し止めになった。続く一二月には、アリババなど複数の大手民営インターネット・プラットフォーム企業が独占禁止法違反で調査を受け、五〇万元（約一〇〇〇万円）の罰金を科された。

人民日報は「アリババなどインターネット大企業が街の家電販売店や青果店など小売業のビジネスを奪った」と批判し、それを受けてアリババが謝罪を表明。アリババ、拼多多《ピンドウドウ》、美団《びだん》などのEC業界大手が、軒並《のきな》み「団購業務」（ECプラットフォーム会員によるまとめ買い）から撤退を表明した。

「二選一」が中国の独占禁止法違反に当たるというのは事実だろう。また、フィンテック企業が銀行のように厳しい資本規制や金利制限を受けてこなかったのが不公平だというのも、そのとおりだろう。

だが、中国共産党が市場を支配するため、特定の産業で民営企業や弱小国有企業を大国有企業に吸収させ、寡占《かせん》体制を作ることのほうが問題であろう。ルールや法律、その公平性の定義を、共産党が都合のいいように乱用しているだけだ。

ソフトバンクも共産党の傀儡企業に

さらに二〇二一年になると、馬雲の個人財団がスポンサーになっていた企業家コンテスト「アフリカ・ビジネス・ヒーローズ」の審査員名簿から、馬雲の名前が消えていたことが判明した。

もはや「馬雲失踪」が経済や金融の公平性の問題ではなく、そこには大きな政治的背景があることに世界中が気づき始めた。

アリババ、あるいはアリババ傘下のフィンテック企業のアント・グループが巨大になりすぎて、中国共産党の経済・金融支配の邪魔になった。それだけではなく、カリスマ性と資金力、加えて海外への影響力を持つ馬雲の存在が、習近平にとっては見過ごせない脅威となった。そのため粛清の対象になってしまった可能性がある、ということだ。

馬雲はカリブ海の小国、セントクリストファー・ネービスのパスポートで、二〇二〇年中に香港経由でシンガポールに脱出した、という噂もあった。だが人々が連想したのは、民営保険会社の安邦《あんほう》保険集団のトップで、鄧小平《とうしょうへい》の孫娘の婿《むこ》という立場から習近平に対しても強気な態度を崩さなかった呉小暉《ごしょうき》のケースだ。二〇一七年に失踪し、翌年、詐欺罪で全財産八五七億元（約一兆七五〇〇億円）が没収され、懲役一八年の刑で投獄された事件だった。安邦保険は、ほぼ同時に事実上国有化された。

馬雲はアリババCEOを引退したとはいえ、最大の個人株主であり、『フォーブス』誌に掲載されている二〇二〇年度の資産だけでも四三七七・二億元（約八兆七五四〇億円）にのぼった。その財産が没収され、またアリババやアント・グループが国家に接収され、馬雲が邪悪な資本家の経済犯として裁かれるというシナリオもあった。

仮に最悪の事態が避けられたとしても、馬雲が完全に洗脳され、アリババもアント・グループも中国共産党の傀儡《かいらい》企業となり、株主や消費者の利益よりも中国共産党政権の利益をあからさまに優先するようになるかもしれなかった。

すると、アリババに巨額の出資をしてきた日本のソフトバンクグループも、中国共産党の傀儡企業になってしまう可能性があった。アリペイを使い、オンラインモールのタオバオや天猫《テンマオ》を愛用している海外ユーザーたちの情報や資産は、安全に守られるのか……影響は中国国内だけに留まらなかった。

生活の拠点を東京に移したアリババ創業者

当局に批判的な言論でたびたび投獄されたフリージャーナリストの高瑜《こうゆ》が、アメリカ政府系のラジオ放送局、ボイス・オブ・アメリカで、こんなコメントをしていた。

「中国人の好む表現に『ニラ刈り』(いくら刈ってもすぐ生えてくる）という代替《だいたい》の利《き》く人材のたとえがあるが、馬雲は明らかに育ちすぎたニラと一緒で、多くの人たちが彼を刈り取りたいと思っている。馬雲は金持ちであり、金融、メディア、娯楽業といった中国共産党が特別重要視している領域に大きな影響力を持っていたからだ」

思うに馬雲は、英雄でも吸血鬼資本家でもなかった。単に中国共産党政権の荒れた畑に逞《たくま》しく育ったニラだったのだ。そして、あまりに立派に育ち強い香りを放つために外国人まで魅了され、肥料を入れ、株分けしてきた。

それが、ついに全部刈り取られてしまった。これでは馬雲だけでなく、他の企業家も次々と刈り取られてしまうだろう。

では、すべてが刈り取られたあと、新たな企業家たちは育ってくるのだろうか？　いや、そこに肥料を入れようが苗を植えようが、結局は容赦《ようしゃ》なく共産党が踏みにじり、刈り尽くす。再び荒れ地が広がっていくだけなのである。

――二〇二二年から、馬雲は生活の拠点を東京に移した。そして二〇二三年春、李強首相に懇願される形で中国に戻ったあとは、共産党の宣伝塔になり下がり、恭順の姿勢を示している。

21 アシックス、ユニクロ、無印良品……グローバル企業の残酷な踏み絵

「奴隷」不足を補うための強制労働

二〇二一年になってインターネット上に流布《るふ》した出所不明のビデオがある。新疆《しんきょう》ウイグル自治区らしいとある綿花《めんか》農園で、ウイグル女性たちが綿花摘《つ》みをしている。漢族男性のインタビュアーが質問する。

「美人さん、綿花摘みはいくら稼げるの？」

女性が忙しそうに手を動かしながら答える。

「一キロ一元」

「アイヤー、一キロ一元かい……」

綿花摘みの労働賃金は、その年の綿花の相場にもよるらしいが、二〇一〇年ごろのアルバイトでも、一キロ二元以上が相場だった。ウイグル人の賃金が不当に低いことがうかがえる。そもそも綿花摘みのような過酷な重労働は、本来、それ以上の価格であっても人手が集まらない。

二〇〇七年、私がチベットの寺院修復現場で働いていたチベット人労働者に取材したときも、彼らの賃金は漢族の半額以下だった。理由を漢族の現場監督に訊くと、「やつらは普通話《プートンホワ》が下手で、怠《なま》け者だから」……中国における被征服民族や貧困農民に対する労働搾取は、普遍的な問題だ。

こうしたウイグル人の強制労働問題が公然化したのは、二〇一四年以降だろう。二〇一三年まであった労働教養制度が廃止されたあと、中国の国有農場や工場のいくつかは、労働力不足問題に見舞われた。この労働教養制度とは、中国共産党に盾突《たてつ》く人民を逮捕状や裁判なしで通常三年以下（最長四年）のあいだ拘留《こうりゅう》し、この間、思想教育と称して奴隷労働に従事させるものだ。

その凄惨《せいさん》な強制労働の実態については、ドキュメンタリーフィルム『馬三家《マサンジャ》からの手紙』(二〇一八年、カナダ）を観れば分かる。

労働教養制度が廃止された当時、収容者は公式統計で一六万人、アメリカ議会が提出した報告書では、二〇〇五年当時には三〇〇万人ともいわれていた。二〇一四年以降にウイグル人の「再教育施設」「職業訓練施設」が急拡大したのは、労働教養制度廃止による「奴隷」不足を補うためではないか、という見方もある。

オーストラリアのシンクタンク「ＡＳＰＩ（オーストラリア戦略政策研究所）」が二〇二〇年三月に発表したリポートによれば、二〇一七年から一九年のあいだに、少なくとも八万人のウイグル人が中国各地の工場で強制労働に従事させられたという。八三社に及ぶ国際企業がこの強制労働に関与していると名指しされ、そのなかに一四社の日本・日系企業が含まれていた。このことは、すでに大手メディアが報じている。

二〇二〇年一二月、アメリカのシンクタンク「グローバル政策センター」がアメリカ議会に提出したリポートによれば、二〇一八年、綿花収穫の強制労働に、国家の干渉のもとウイグル人五七万人が動員されたという。中国当局側は、これを「ウイグル人自身の希望に基づく労働である」と強弁した。

だがウイグル人に、アンケートに対して、当局の意向に反する回答ができる自由があるのか？　絶対的貧困下にある農民に最低賃金労働をあてがい、これを脱貧困政策と嘯《うそぶ》くことの欺瞞《ぎまん》は、中国内にもそれを問題視する声がある。

衝撃だったアシックスの政治的表明

持続的な発展が可能な綿花生産のための認証発行組織「ベター・コットン・イニシアチ

ブ」（ＢＣＩ）は二〇二〇年秋、新疆綿に対する認証発行を停止。アメリカは、強制労働に関与した企業として名指しされていた安徽《あんき》省の大手繊維メーカー、華孚時尚《かふじしょう》の子会社、アクス華孚色紡などを、五月にエンティティリスト（アメリカ商務省が指定する取引制限リスト）に入れた。

こうした動きを受けて、ＢＣＩに加盟するＨ＆Ｍなど多くのアパレルグローバル企業は相次いで脱・新疆綿を宣言している。

この脱・新疆綿をいち早く宣言したＨ＆Ｍ、ナイキ、アディダスなどが中国市場で不買運動に遭い、大きなニュースになったのが二〇二一年三月から四月の状況だった。このころから、世界の消費者は新疆綿を使用するか否かの「踏み絵」を企業に迫った。

しかし脱・新疆綿派は、西側自由主義社会の消費者に支持される代わりに、中国市場から敵視された。そして新疆綿支持派の企業は中国の消費者から熱烈歓迎される反面、ウイグル人弾圧に加担する悪徳企業というイメージが付くことになった。

さて問題なのは、日本企業だ。たとえばアシックス現地法人が二〇二一年三月二五日、中国最大手のＳＮＳ微博《ウエイボー》で新疆綿購入の継続を宣言するとともに、以下のように政治的に踏み込んだ声明を発した。

「アシックスは終始、一つの中国という原則を堅持する。また、国家主権が及ぶ領土の完全性を守ることを固く決意する。アシックスは中国の行動に対する一切の中傷やデマに対し、断固たる反対を決意する」

これを受けて三月二六日、ハフィントンポストが、この微博声明はアシックス本社が了承したものであり、「撤回するつもりはない」と報じたので、私は驚いた。そのため、この件についてアシックス本社広報に説明を求めた。結果からいえば、「アシックス中国現地法人の政治的声明は、本社の承認を受けずに勝手に投稿されたものであり、本社の立場を代表するものではない」というものだった。

続く四月二日に受けたメールによる回答は、以下のようなものだった。

「ハフィントンポストの報道は、広報担当者の認識違いによる誤回答が原因である。新疆綿に関しては、その綿素材自体をほとんど使っておらず、サプライヤーに関しては、人権および環境に配慮した生産委託、調達に努めている。違反があった場合には、サプライヤーとのビジネス関係を見直す」

問題の微博の声明は、三月二九日の段階で、削除されていた。

だが、こういう曖昧《あいまい》な対応が中国の愛国的消費者の強い反感を買い、「アシックスは西側と中国側に対する顔を使い分けている」「（最初の声明を）勇気ある企業だと応援したのに、裏切り者ではないか」とされ、中国人の怒りを倍増させた。

すると、アシックスの中国におけるイメージキャラクターであった俳優の李易峰《りえきほう》は、事務所を通じて契約破棄を宣言した。アシックスも中国市場の不買対象の仲間入りをしたわけだ。

かといって、「中国共産党に忖度《そんたく》して政治発言をした企業」のイメージがすぐさま消えたわけでもなかった。

ユニクロと無印良品の大失敗

同じような曖昧な態度で失敗したのがユニクロだ。ＡＳＰＩの報告のなかで、新疆の強制労働に関与した企業として名指しされていたが、二〇二一年二月の段階で、共同通信の質問に対しては、ウイグル弾圧に関わる中国企業とは取引を停止する方針を打ち出していた。

また、環球時報の新疆綿に関する質問に対しては回答を避けた。このことから、三月二四日以降の中国市場不買運動のターゲットに、ユニクロも含まれた。

だが、ユニクロを展開するファーストリテイリングの柳井正《やないただし》会長兼社長が四月八日の決算記者会見において、ウイグル強制労働問題について、「政治的なことなのでノーコメントだ」と述べた。加えて、新疆綿の使用の有無についても回答を避けた。こうした対応から、西側のメディア、そして消費者の不信感が増してしまった。

そのためフランスの人権NGO「シャーパ」は、「ユニクロは、いまだに隠れて新疆綿を使用している」と、名指しで批判した。

一方、無印良品の中国現地法人は、三月二五日、環球時報のインタビューに対し、「新疆綿を使用し続ける」と断言した。これに中国ネットユーザーは大喜びし、無印良品は中国愛国ブランドとなった。

企業の当事者の立場にあれば、この踏み絵は残酷だ。新疆綿は世界の綿花生産量の二割以上を占める。アパレルのサプライチェーンは複雑で、新疆綿だけをそこから排除することは困難であり、時間もかかる。「新疆綿を使っているか」と迫られて、イエスあるいはノーと即答できるほど、単純ではない。ポテンシャルの高い中国市場を捨てたくもなかろう。

だが、曖昧《あいまい》な態度でこの問題を回避し続けようとすることは、危うい。なぜなら、この踏み絵は「西側自由主義社会vs.中国共産党独裁体制」の価値観戦争の一局面であり、どちらが勝利するかによって、今後の国際社会の形が変わる。つまり一種の世界大戦、ガチの戦争なのである。

一部の日本企業が、「最終的に戦勝国となるのは中国だ」と考えているなら、なおさら危うい。というのも、万が一にも中国共産党独裁体制の価値観が大勝し、太平洋のハワイから西側が中華式全体主義的価値観に支配されたとき、日本企業がいまのように自由な存在のままではいられない。従順な中国企業ですら、ある日突然、国家に資産を接収されたり、人事権を奪われたりするのが中国共産党体制なのだ。

これから踏み絵を迫られるのはアパレル業界だけに留まるまい。農産物加工、半導体・IT産業、芸能界……そのとき、企業として一番守るべきものは何なのか？

企業が「分からない」というならば、消費者が消費行動で企業に気づかせることも重要だ。私たちの自由で良質な暮らしは、その価値観によって支えられているのだから。

22 狙われた中国富豪たちの悲劇

習近平の次のターゲットは金融界

二〇二三年に入って中国の株価に影響を与えた印象的な出来事が二つあった。中国IT金融のゴッドファーザーこと、華興資本《チャイナ・ルネサンス》のCEO包凡《ほうぼん》が二月半ばに失踪したこと、そして三月に、アリババ創業者の馬雲《ジャック・マー》が帰国したことだろう。前者は全国政治協商会議と全国人民代表大会（全国政協・全人代=両会）開幕前のニュースで、後者は閉幕後に明らかになった。

包凡は、二〇〇五年にチャイナ・ルネサンスを創立した中国で最も著名なバンカーで、投資家でもある。北京、上海、香港、シンガポール、ニューヨークにあわせて七〇〇人の社員を抱え、二〇一五年にはタクシー配車サービスの嘀嘀打車と快的打車の合併（DiDi）やフードデリバリー美団と中国版「食べログ」と呼ばれた「大衆点評」の合併など、世界が注目する案件を手がけた。

彼が失踪したと噂になったのは二〇二三年二月一九日、当局に身柄を拘束され取り調べを受けていることが、二六日に確認された。失踪後には、香港上場のチャイナ・ルネサンス株は二九パーセント暴落した。

このチャイナ・ルネサンスでは、二〇二二年九月、総裁の叢林《そうりん》も取り調べを受けた。中国工商銀行の金融リース部門における仕事に絡《から》み、身柄を拘束されたのだ。

この事件は多くの企業家、特にバンカーに対する暗黙のメッセージだった。つまり、習近平の二〇二三年の粛清ターゲットは金融界であり、「習近平は自ら金融もコントロールしたがっている」と受け止められたのだ。

三月の全人代で採択された「党と国家の機構改革案」でも、金融機構改革がその中心になっていたことからも、方向性は明確だった。

実際、汚職摘発部門の中央規律検査委員会・国家監察委員会が四月五日に発表したところでは、中国光大《こうだい》集団の党委員会書記や会長を務めた李暁鵬《りぎょうほう》が、党中央規律検査委員会と国家監察委員会の取り調べを受けていた。ちなみに光大集団は、国務院系の金融コングロマリットだ。

その前の三月三一日には、中国銀行党委員会書記で中国銀行会長だった劉連舸《りゅうれんか》が身柄を拘束され、やはり党中央規律検査委員会からの取り調べを受けた。中国銀行党書記は、二月には免職となっていた。

彼らが具体的に何をやったのかは明らかにされていなかったが、それはあまり重要ではない。重要なのは、その後、次々と金融に関わるバンカー、企業家、投資家、そして官僚たちが粛清されていくであろうということだった。

こうしたバンカー、投資家、企業家といった富豪、富裕層への迫害は、もちろんいまに始まったことではない。近年、中国の億万長者、大富豪と呼ばれる企業家、あるいは投資家のなかで、迫害された人物は枚挙《まいきょ》に遑《いとま》がない。

たとえば明天集団創始者の蕭建華《しょうけんか》は、二〇一七年に香港で五つ星ホテルのペントハウスから突然失踪、二〇二二年になってから実は当局に逮捕されていたことが判明した。そして有罪判決を受け、獄に入った。

また民営エネルギー企業・漢能集団の創業者で、二〇一五年には中国一番の富豪となった李河君《りがくん》は、二〇二二年一二月に遼寧省《りょうねい》錦州《きんしゅう》市公安当局に連行されていた。そのことが、二〇二三年一月になって明らかにされた。

どうやら、二〇一九年に経営破綻《はたん》が明らかになった錦州銀行の問題に関与していたらしい。

アリババ創業者が帰国した本当の理由

前項では逮捕されたケースを挙げてきたが、たとえ逮捕されなくとも、引退を余儀なくされたり、持株を譲渡させられたりした企業家や大富豪たちは数えきれない。

Eコマース大手・京東《きょうとう》集団創業者の劉強東《りゅうきょうとう》は、オーナー権を放棄させられ、共同購入サイト、拼多多《ピンドウドウ》創業者の黄崢《こうそう》は、隠遁《いんとん》させられた。

バイトダンス創業者の張一鳴《ちょういちめい》も、三八歳の若さでCEOを引退。また中国民営デベロッパー大手・恒大《こうだい》集団創業者の許家印《きょかいん》は、当局の不動産政策に振り回され、債権者への返済のため、ほぼ全財産を失っている。

さて、そんななか、中国で最も成功したカリスマ企業家・馬雲が、一年あまりの海外流浪《るろう》ののち、二〇二三年三月二七日に中国に帰国した。それが大きなニュースとなったのだ。

するとアリババ株は、その日だけで一時五・五パーセント跳《は》ね上がり、四月一〇日までの一カ月のあいだに、最高一七パーセント以上も上昇した。株価が好感したのは、馬雲の帰還を「習近平と民営企業の和解」というシグナルとして捉《とら》えた人が多かったからだ。

つまり、以下のような思考だ。まず、習近平は低迷する経済の立て直しに迫られていた。

民営企業家と投資家たちに対し、それまでの一〇年で迫害しすぎたことの反省を示さなければならない。ところが、方針を変えて民営企業を擁護する政策を打ち出してみたが、信じてもらえない。それゆえ、カリスマ創業者に頭を下げて帰国してもらい、和解をアピールした……というわけだ。

馬雲は単なる投資家ではない。彼には企業家としての責任感や使命感もあり、中国の民営企業立て直しと海外の投資家の信頼回復のため、当局に協力することにした。幸いにも、首相の李強は浙江《せっこう》省時代に民営企業振興に尽力《じんりょく》した人物で、馬雲とも顔見知りだ。李強が馬雲の帰国を説得し、その説得を受け入れたのだろう。

だが、まったく正反対のシグナルを受け取る人もいた。それは、次のようなものだ。

まず馬雲は、本当は帰国したくなかった。ただ習近平政権との暗黙の了解のもと、身の安全を保障してもらい、帰国した。身の安全と引き換えに、共産党の宣伝塔に利用されることを受け入れた……という説だ。

実際、ブルームバーグは、帰国が判明する直前まで、「馬雲は帰国の誘いを拒絶している」と周辺筋の情報を報じていた。これについて「ガセネタをつかまされた」と笑う人もいるが、果たして本当にガセネタであったのか？　馬雲の帰国が不本意なものだった可能性もあるのではないか？　そもそも一年以上も馬雲が海外にいた理由は、やはり中国国内で身の安全と自由が保障されないと考えたからではないのか？

馬雲は、二〇二一年一月までの三カ月あまり、「失踪」させられていたことがある。その間、当局の厳しい取り調べを受けていたと見られる。結果、アリババは一八〇億元（約三六〇〇億円）にものぼる巨額な罰金を支払い、馬雲はアント・グループの経営権を手放した……そして海外をさまようこととなったのだ。

民間企業は共産党の敵なのか

馬雲が帰国した翌日の三月二八日、アリババCEOの張勇《ちょうゆう》が、会社を業種ごとに六分割する計画を発表した。

ウォール・ストリート・ジャーナルによれば、これは馬雲が海外から張勇に指示していたものだという。建前としては、Eコマース市場の飽和状態が進むなか、企業に柔軟性と競争力をアップさせる策とのこと……。

だが、これによって強大な帝国企業を分割し、それぞれを個別に上場させて、共産党が黄金株などを通じて支配しやすくする、という見方もある。少なくとも、習近平政権がゴーサインを出した改革であることは間違いない。

私の見方は、後者に近い。馬雲が何を思って帰国したかは知る由《よし》もないが、習近平は決して民営企業の自由な発展を認めないと思う。

習近平が中国のトップに就《つ》いてから民営企業を迫害し続けてきたのは、それら企業が西側の市場・金融理論の上に立っているからだ。共産党の敵と見做《みな》したのであろう。

江沢民・胡錦濤《こきんとう》政権までは、企業家や資本家が共産党内に入り、民営経済の発展とともに共産党も発展するという考えだった。

しかし習近平にとって、それは共産党の発展ではなく、西側の自由経済思想に汚染された堕落、あるいは腐敗であった。そして、民営企業と金融を党がきっちり支配しない限り、党が堕落してしまうと考えたのだろう。

もちろん、そこには権力闘争的な要素もあっただろう。「権貴族」と呼ばれる共産党内の既得権益層に、習近平にとっては政敵に当たる太子党《たいし》（中国共産党の高級幹部の子弟など特権的な地位にいる者たちのグループ）や上海閥《ばつ》が数多くいたからだ。

習近平は、共産党に従順ではない西側かぶれの創業者や経営者たちと和解するつもりはない。それどころか、金融や民営経済の根っ子にある西側の価値観を完膚《かんぷ》なきまでに叩き壊し、共産党が作るルールに則った経済システムを確立させるという野望を持っている。

そのように見える。

それは、民営経済と金融の死亡宣告に近いことでもあるのだ。

かつてのバブル絶頂期、ゼロ年代の中国を知る者としては、いまの民営経済の惨状は諸行《しょぎょう》無《む》常《じょう》……盛者必衰《じょうしゃひっすい》の理《ことわり》は、どこの国でも同じなのだろうか？

だが、中国には勝者の正義も敗者の美学もなく、語るとしても低俗な中国共産党の残酷物語が一つ編み出されるのみなのである。

23 人質にされる外国の企業家たち

世界中の企業家が震撼する改正反スパイ法

普通に中国で仕事をし、生活し、あるいは観光していただけなのに、ある日突然、出国禁止命令を受け、スパイ容疑で取り調べを受ける……身に覚えのない、あるいは意識したこともない行為を理由にスパイと断罪され、一〇年前後の刑を受ける……。

そういう残酷な運命に巻き込まれる可能性が、中国にいるすべての外国人に及ぶようになってしまった。

二〇二三年七月一日からパワーアップされて施行された改正反スパイ法は、予想を上回る恐ろしさだ。世界中の企業家が震撼《しんかん》したのも当然だろう。

まず改正反スパイ法では、法の目的として「国家安全」を守るだけでなく、「人民の利益」を守るという一文が追加された。これは当然、国家安全が指し示すよりも広い範囲を意味する。

さらにスパイ行為の対象も大幅に拡大しており、国家機密・情報に加えて「その他の国家の安全または利益に関わる文書・データ・資料・物品」に対する窃取、探索、購入、違法な提供などの行為が含まれるようになった。

「人民の利益」という言葉と考え合わせると、これはおそらく外国企業が持つ顧客データなどを想定しているのではないか、と私は見ている。

また、国家公務員に対して裏切りをそのかしたり、誘導したり、脅迫したり、買収したりすることも、スパイ行為となる。たとえば日本人記者や企業家が、地方官僚や取引先などを食事に誘って融通《ゆうずう》を利かせてもらったり、参考情報を得たりする行為、あるいは従来なら普通のビジネスや取材の範疇《はんちゅう》だったことも、見ようによればスパイ行為に該当するということだろう。

加えて、「重要情報インフラ施設などに対するインターネット攻撃」もスパイ行為となる。重要情報インフラ施設とは、公共通信・情報サービス、エネルギー、交通、水利、金融、電子行政サービスなどのネットワークを指す言葉だ。

普通の理解なら、いわゆるクラッキング（企業のシステムなどに不正に侵入し、情報を盗んだり、システムを破壊すること）などでこうしたネットワークを麻痺《まひ》させるサイバーテロを指すということだろう。しかし中国の場合、たとえば外国企業の中国支社が中国内のサーバーに保管している情報やネットワークに国外の本社がアクセスしたとき、この条文を根拠に、それをスパイ行為とする可能性もある。

中国当局が認定するだけで誰でもスパイに

中国内（香港も含む）で、中国の公民や組織その他を利用し、第三国に対するスパイ活動を行い、中国の国家安全に危害を及ぼす場合も、改正反スパイ法が適用される。たとえば、北朝鮮やロシアに関する情報を中国で収集する行為などは、反スパイ法が適用される可能性がある。

さらに、スパイ行為以外の国家安全に危害を及ぼす行為を国家安全部や公安部が防止、抑止、処罰する場合についても、改正反スパイ法が適用されることになった。

これは、おそらく、デモ、抗議集会、講演、取材、ネットの書き込み、そしてSNSにおける拡散などの行為にも、この法律が適用されうるということである。早い話が、スパイ行為をやっていてもやっていなくても、当局がスパイだと疑えば、いくらでもスパイ罪に問えるということだ。

ちなみにスパイの定義については、スパイの組織やエージェントに属さなくとも、それらに協力したりすればスパイ扱いされる。また普通の民間組織や民間人でも、中国の国家安全や利益を脅《おびや》かすと認定されれば、やはりスパイ扱いされうる。

仮に日本政府が、日本には諜報《ちょうほう》機関というものは存在せず、よってスパイも存在しないと主張しても無駄だ。単に中国当局が民間の組織や個人に対し、「中国の国家安全や人民の利益を脅かした」と認定すれば、スパイとすることができる。要は、中国当局が気に入らない人間を誰でもスパイとして身柄拘束できる、ということだ。

しかも、このスパイ行為を予防するために、改正反スパイ法では「人民防衛線」という表現を用いて、「人民を動員してスパイ狩りを行う」と強調している。つまり、外国企業の中国人社員、あるいは外国にいる中国国籍者も、中国にとっての「スパイ狩り」に動員されうる。

ということは、つまり密告が奨励され、協力者には報奨が与えられる。また外国企業では、自社の中国人社員から、ありもしないスパイ容疑で密告されるリスクもある。すなわち良き隣人だと思っていた中国人の同僚から、スパイだと告発されることもあるのだ。

改正反スパイ法は、こうした不条理を「法治」という建前で行うことを可能にする、実に恐ろしい残酷な法律だといえる。

反スパイ法の強化は「人質外交」のため

二〇一四年一一月、突如として可決され、即日施行された反スパイ法は、もともとひどい法律だった。それを、さらに厳しいものに変えた習近平政権の意図は何なのか？

ここで、二〇二三年三月下旬、日本のアステラス製薬の幹部がスパイ容疑で逮捕されたことを思い出すべきだろう。

アステラス製薬の幹部は中国駐在歴およそ二〇年のベテランであり、その人となりについては、中国人官僚のあいだでも在中国日本人社会でも、評価が高かった。加えて現地の慈善事業にも熱心だったという。

そんな人格的にも優れ、日中間の架け橋的な役割を担《にな》っていた民間人が、三月末の日本帰国を控え、スパイとして逮捕された。しかも、具体的にどのようなスパイ行為をしたかについては明らかにされていない。

日本人は二〇二四年までに、このアステラス製薬幹部を含めて少なくとも一七人がスパイとして中国で拘束、逮捕、投獄されているが、このアステラス製薬の件は、これまでの「日本人スパイ」とは、少し内容が違うといわれている。

というのも、これまでの「日本人スパイ」の摘発は、中国側が法務省公安調査庁の協力者リストを入手し、それに基づいたアクションだったといわれている。そこには多分に内政的な要因、つまり権力闘争的な側面があったとされる。習近平の政敵に当たる共青団《きょうせいだん》や太子《たいし》党の政治家や官僚を失脚させるために、彼らと良好な関係にある日本人が「スパイ」役にされた可能性がある。

実際に「機密情報」がやり取りされていたとは考えにくいが、中国側としては逮捕に至る、分かりやすい「リスト」という「証拠」は示せた。

だがアステラス製薬幹部の件は、「これに該当していない」といわれている。同じ時期に、アメリカの企業調査会社、ミンツ・グループの中国籍の社員五人が拘束され、シンガポール国籍の社員が出国停止命令を受けた例と考え合わせると、これは中国がアメリカやその同盟国に対して圧力をかけることを目的とした「人質外交」の側面が強いといえよう。

そして、いま反スパイ法を強化するのは、この「人質外交」の法的根拠を整備し、今後さらに「人質外交」を活用していこうということではないだろうか？

また、改正反スパイ法では、スパイの取り調べのためには、スマホやパソコン、そのほかの電子機器を押収して調べることも、財産を差し押さえることもできる。加えて出国禁止も即座に命令できる。

実際、中国では二〇二四年七月一日から、スマホやパソコンなどを強制的に検査する権限を現場の担当者に与える新たな法規が施行されることになった。中国国家安全部が発表した「国家安全機関の行政法執行手続き規定」と「国家安全機関の刑事事件処理手続き規定」によるものだ。

膨大な「人質予備軍」を中国に駐在させる危険

たとえば、こんな想像ができる。

アステラス製薬は日本を代表する製薬会社で、ガン治療薬や移植医療に使用する免疫抑制剤などを数多く販売し、アステラス製薬の総売り上げの五パーセント前後は中国（台湾と香港を含む）市場から得ている。ゆえに、アステラス製薬幹部が持ち帰る予定であったパソコン内には、中国市場の顧客データや製薬に関する治験や技術的な情報があった。

もし、中国がこうしたデータや情報を国外に持ち出させたくなかったら？　それこそ幹部をスパイ扱いして拘束すれば、「合法的」にそれらを押収でき、企業にも日本政府にも圧力をかけることができる。

おそらく中国は今後、コンサル会社や調査会社などに属する情報やデータを持つ企業人を「スパイ罪」のターゲットとしていくだろう。実際、二〇二三年五月には、江蘇《こうそ》省の大手コンサル企業・凱盛融英信息科技《キャップビジョン》の拠点が、強制捜査を受けている。

李強首相は、あたかも外国企業からの投資を歓迎するようなことをいっていた。しかし習近平政権は、アメリカや日本といった西側の企業人を、いつでもスパイ容疑で逮捕できる。そのための情報やデータを押収できる法律を強化したのだ。

いま在中国の邦人は、少なくとも一〇万人……もし日本企業が、このまま膨大な「人質予備軍」を中国に駐在させながらビジネスを発展させていきたいというのであれば、日本政府は中国内の邦人を守るために、なんらかの方策を採る必要があるだろう。

24 チャイナドリームの体現者が人民の敵に

チャイナドリームの頂点から転落

二〇二三年九月二七日、中国民営デベロッパー大手、恒大《こうだい》集団の創業者・許家印《きょかいん》が中国当局に連行されたと報じられた。目撃者によれば、手錠をかけられていたという。一部報道では、資産を海外に移動した疑いがかけられていたとする。

アジア最大の富豪と呼ばれた時代もあった許家印は、貧困農民の家庭に生まれ、幼くして母を失った。それでも苦学して進学し、国有鉄鋼会社を経て、改革開放の波に乗り、恒大集団を起業した。そうして財を成してからは全国政治協商会議委員（参議院議員に相当）を務め、忠実な党員でもあった。

その彼が手錠をかけられるとは……許家印は、なぜチャイナドリームの頂点から転落することになったのか？

恒大集団は、習近平が二〇二〇年に開始した過激な「不動産バブル退治政策・三つの紅線《レッドライン》」により、二〇二一年にデフォルトに直面した。しかし、習近平は恒大集団をつぶさなかった。なぜなら恒大集団には、顧客から前金を受け取りながら資金ショートし、工事が中断したままの未完成物件、いわゆる「爛尾楼《らんびろう》」が、およそ一六二万戸もあったからだ。

許家印の延命は、これら未完成物件を完成させて三年以内に顧客に引き渡す「保交楼《ほこうろう》」任務を完遂《かんすい》させることと引き換えであった。

顧客たちの前金は銀行ローンを組んだものであり、完成物件が引き渡されなければ、ローンも返済されない。そうなれば銀行が破綻《はたん》し、金融システミックリスクにつながりかねない。

だが恒大集団が保交楼をやり遂げようにも、国内の融資制限によって必要な資金が調達できない。習近平としては、許家印の持つ個人資産も海外資産も、すべて吐き出させるつもりであったのだろう。

習近平の経済政策失敗を隠すスケープゴート

それゆえ保交楼の完遂前に許家印が拘束されたことは、習近平の対恒大政策が変更されたことを意味した。それはなぜか？　やはり、資金を海外に移動していたことがバレたということだろうか？

習近平の恒大集団に対する方針の転換については、いくつかの指摘がある。

中国の家電メーカー創維《スカイワース》集団の創業者・黄宏生《こうこうせい》は、許家印をこう批判している。

「許家印がアメリカの法律を用いて破産保護申請を行い、離婚した妻と息子をアメリカに移民させたあと、中国国内の資産をアメリカの個人資産に変換するためアメリカで債券を発行し、公然と中国人民、そして国家の敵となって自滅したのだ」

これは、元経済記者で在米華人の中国問題研究者、何清漣《かせいれん》も指摘している点だが、国内で保交楼の任務を遂行するためには二五〇〇億～三〇〇〇億元（約五兆～六兆円）が必要になる。その調達や債務再編を外国の金融機関に頼ろうとし、そのためにアメリカで破産保護申請を出したことなどが、海外への資産移動を目論《もくろ》む動きと見做《みな》されたのかもしれない。

中国には「内保外貸」（クロスボーダー保証）というスキームがあり、中国国内の不動産などを担保に外国の金融機関から融資を受けたり、債券を発行したりすることができる。融資が焦《こ》げついたとき、クロスボーダー保証を発行した国内銀行が、外国金融機関に代わって担保を差し押さえて清算し、外国金融機関に元金を保証する。

だが、融資を受ける側と国内銀行が結託すれば、中国国内の不動産を合法的に換金して海外に移動することもできる。

このスキームは中国企業の海外進出の後押しをするためにできたものだが、しばしば国内資産の海外への移動や資金洗浄の手段として利用されてきた。折しも許家印は離婚し、その妻がカナダ国籍を取得して、すでに海外に脱出していたことも明らかになった。

この資金移動問題のほかに、許家印の後ろ盾《うしろだて》となっている大物政治家と習近平の関係も取り沙汰《ざた》されている。

許家印が立身出世してきたプロセスには、当然、党内ハイレベルの後ろ盾がいた。一般に、江沢民時代の実力者で、胡錦濤《こきんとう》政権時代は国家副主席まで務めた曽慶紅《そうけいこう》との関係が深いといわれてきた。

中国の改革開放期に発展した民営企業の多くがホワイトグローブ（政治家が手を汚さないで資金を洗浄したり、海外に移動したりする白い手袋のような存在）であるが、許家印は曽慶紅ファミリーの資金洗浄に貢献したといわれている。その曽慶紅は習近平の長年の政敵と見做され、「恒大つぶし」「恒大いじめ」は権力闘争の文脈で語られることもある。

だが、許家印の絶頂期は、むしろ習近平時代になってからであり、ピークは二〇一八～

二〇年だった。

実際、許家印は、習近平に積極的に阿《おもね》ってきた。大のサッカーファンの習近平を喜ばせるべく、大枚をつぎ込んで、恒大がオーナーだった広州足球倶楽部《くらぶ》チームに、世界の名プレーヤーや名監督をかき集めた。また、いち早くグループ企業内に党委員会を作り、「党の恒大」を公言してきた。

在米華人の時事評論家・蔡慎坤によれば、習近平政権時代の許家印の政治的な後ろ盾は、習近平が経済ブレーンとして信用を寄せていた劉鶴《りゅうかく》だったという。その劉鶴は、二〇二一年に恒大集団がデフォルトしたときも「不動産市場の発展を維持させるべきだ」と主張し、恒大集団を守ろうとしたらしい。

こうした背景を考えると、それまで習近平が延命させてきた恒大集団の許家印を、拘束するという判断に変えた理由には、次のようなことが考えられる。

・曽慶紅との権力闘争がいよいよ大詰めを迎えたときの切り札とするため。
・許家印をかばい続けてきた劉鶴が引退し、その影響力が及ばなくなったため。
・「党の恒大」と嘯《うそぶ》き、党と人民のためと保交楼の任務に粛々《しゅくしゅく》と努力しているように見せかけていながら、資産を外国に移動させようとして妻と偽装離婚までしたことに対する習近平の怒り。

だが、もう一つ理由がありそうだ。それは「習近平の経済政策失敗に対する党内の批判や人民の怒りを逸《そ》らすために、許家印をスケープゴートにした」という見方だ。

共産党体制を延命するための生贄

中国国内で繰り広げられた許家印のネガティブイメージ宣伝を見ると、スケープゴート説が正しいのではないかという気がしてくる。たとえばネットで、許家印の傲慢《ごうまん》な性格や豪奢《ごうしゃ》な生活、そして愛人の存在を暴露する知人や側近の話が、急速に拡散していたからだ。

それは以下のようなものだが、その様子は「恒大帝国の皇帝」と形容されていた。

「執務室には純金で作られた大きな犬が置かれており、ゴミ箱も一万元（約二〇万円）以上する」

「北京の什刹海《じゆうさつかい》に豪邸があり、その門構えだけで一・五億元（約三〇億円）する」

「選《え》りすぐりの美女を集めた恒大歌舞団を恒大のＰＲのために設立したが、その団長は許家印の愛人だった」

「許家印は河南省の退役軍人を中心としたボディガードチームを抱え、移動の際は護衛車が許家印の車を前後にはさむ」

また、北京の著名文化人で骨董《こっとう》収集家でも知られる馬未都《ばみと》は、テレビ番組で、許家印との面談時の様子を次のように語った。

「アポイントメントの時間に恒大本社に行くと、許家印に『先にジムに行ってきますんで、馬先生、ちょっとそこで待っていてください』といわれて待たされた。スポーツウエアの上にガウンを羽織《はお》って現れて、肩をそらせてガウンを落とすと、お付きの人がパッとそれを受け止めた。手を差し出すと、お付きの人が葉巻に火を点《つ》けて指にはさむ。まるで映画のよう（に格好をつけていた）」

このように小バカにした感じで語ったものだから、中国世論の許家印に対するイメージは最悪なものとなった。

経済の低迷が続く中国の庶民のあいだには、「仇富《チョウフー》」という金持ちを憎む感情が蔓延《まんえん》している。そこに火を点《つ》けるような形で、中国人民の敵としての許家印のイメージが拡散された。

許家印の私生活が贅沢《ぜいたく》を極め、傲慢《ごうまん》で見栄《みえ》っ張《ぱ》りで、鼻もちならないことは事実であろう。ただ、彼が貧困農民からアジア第一の富豪にまで成り上がったのは、党中央の大物政治家との結託があったからこそなのだが、許家印の得た富以上に、共産党が手に入れた富は多いはずだ。

しかし、共産党が許家印や恒大集団から得た利益には一切ふれず、許家印だけに邪悪な資本家のイメージを負わせた。人民から吸い上げた富をほしいままに貪《むさぼ》るというイメージだ。

チャイナドリームの体現者が、いまや人民の敵として唾棄《だき》されるまでに貶《おとし》められた。これを盛者必衰《じょうしゃひっすい》というべきなのか……あるいは残酷な共産党体制を延命するための生贄《いけにえ》というべきなのか。

第四章　中国の若者の真っ暗な未来

25 アメリカ帰りの天才が起こした殺人――中国の学者事情

天才数学者が犯した殺人

二〇二一年六月七日、上海にある中国の名門大学・復旦《ふくたん》大学数学学院（上海楊浦《ようほ》区邯鄲《かんたん》路）の学院内で、講師の姜文華《きょうぶんか》（三九歳）が学院党委員会の王永珍《おうえいちん》書記（四九歳）の喉《のど》をかき切り、殺害する事件が発生した。姜は現場で警官に制圧され現行犯逮捕、一緒に駆けつけた救急隊員が現場で王永珍の死亡を確認した。

返り血を浴びたままの姿で警察に床にひざまずかされて、手錠をかけられ茫然《ぼうぜん》としている姜文華容疑者の写真がネット上には流れ、中国のＳＮＳ微博《ウエイボー》のトレンドにも登場する事件となった。

姜容疑者が警官に語った動機は、「デマを流された」「職場で多くの罠《わな》にはめられ、ひどい待遇を受けた」というものだった。

この姜文華容疑者は、アメリカ帰りの若き天才数学者。二〇〇四年に復旦大学数学学院（応用数学）を卒業し、在学中は復旦大学第一回校長賞を受賞している。卒業後にはアメリカに留学、二〇〇九年にはラトガーズ大学で統計学の博士号を取得した。イェール大学からも招聘《しょうへい》されたが、あまりに優秀なのでラトガーズ大学の指導教官が手放さなかった、という逸話もある。

二〇一一年までアメリカ国立衛生研究院とジョンズ・ホプキンス大学で統計学者として研究に従事し、いくつもの優れた数学の論文を発表した。国際的にも将来有望な数学者と見做《みな》されていたのだ。

その彼は二〇一一年、祖国に帰国した。海外の優秀な研究者の帰国計画（千人計画）の高額報酬に魅《ひ》かれたからだ。故郷に錦《にしき》を飾りたいとも思っただろう。帰国後、報酬の一番高い蘇州《そしゅう》大学に行き、副教授を務めた。そして五年の契約が満了したあと、母校の復旦大学数学学院に青年科学者の身分で招聘された。

この復旦大学での六年間の契約期間が終わったのが六月七日……この日、「目標成果に到達しなかった」という理由で解雇をいい渡された。書記の王永珍が学院を代表して解雇を告げたところ、姜文華は、準備していたナイフで凶行に及んだ。一方的な解雇を恨んだのが犯行動機だと見られている。

注目すべきは、事件そのものよりも、事件後に起きた世論の反応だ。中国の大学教職の評価制度「非昇即去」に非難が集中したのである。

成果なければ即解雇で絶望する研究者

「非昇即去」は、大学の研究職が契約期間に設定した目標値を達成しなければ即解雇となる、非常に厳しい制度だ。もともとは、アメリカの大学研究職のテニュアトラック制度を模したものだった。

その制度では、大学が研究職を雇用するとき一定の審査期間を設け、その審査を成功裏にパスしたあとは、正当な理由と教育委員会の聴聞《ちょうもん》がなければ解雇できない。本来の目的は、研究者たちが市場ルールの圧力を受けずに学術的な生産を行い、学問の自由を守ることだった。

これによって大学は、学業ポテンシャルの高い人材を選択することができ、かつ研究者は、終身雇用のもと安心して研究に専念できる。

だが中国の大学の「非昇即去」制度は、アメリカの大学を真似《まね》ているようでいて、実は大きな違いがある。

この制度の理念は人材資源の動きを活発にするものであり、研究職の積極性や資格の最適化を促進するものだった。しかしアメリカと比べると、中国の「非昇即去」制度は、明らかに大学側の利益に偏《かたよ》っていた。

中南大学機電工程学院の喩海良《ゆかいりょう》教授は、二〇一九年、中国科学報にアメリカと中国の制度の違いについて、次のような内容の寄稿をした。

「まずアメリカで審査を受けている研究者は、研究を手伝う大量の博士研究生を受け入れることができる。しかし中国で審査を受ける研究者は、一年に三人までしか博士研究生を募集できない。また、多くの若い研究者は博士研究生を募集する資格すらなく、一人で研究成果を出さなくてはならない。

さらに、アメリカの大学で講師が募集されるときには、適材適所の人材だけが募集されるが、中国はこのあたりが曖昧《あいまい》で、とりあえず人を募集し、あとから考えるというやり方が多い」

募集の在り方のほかに、審査・評価の方法にも違いがある。

二一世紀教育研究院副院長の熊丙奇《ゆうへいき》は、「アメリカの大学の制度では、講師の大学の同僚からの評価と学術分野の同僚からの評価が並行して行われる。だが中国の大学では、上司から部下への評価、つまり行政評価で決まる」と指摘する。

利益を受ける行政や利権集団の干渉があり、それが朝令暮改《ちょうれいぼかい》的な要求に姿を変える。たとえば、募集時の研究指導者が変わると評価システムも変わってしまう。このため、講師や研究者たちは短期間で研究成果を出さねばならず、功を急ぐ傾向にある。

こうした状況で、研究者たちは期限内に成果が出せず、焦り、追い詰められる。学問一筋で、人間関係に不器用な研究者たちは、大学の一方的な募集や評価に振り回された末の解雇宣告に絶望する。そして殺人まではいかずとも、これまでもけっこうな数の暴力沙汰や事件の原因になってきた。

アメリカと中国の「精神の差」

姜文華事件に話を戻すと、彼は、実は復旦大学の学生たちの評判が非常に悪かった。講義のときに難しい問題を出し、解けない学生を罵倒《ばとう》して、「もう講義に出てくるな」などと脅《おど》したという。そのため講義はピリピリとした雰囲気に包まれ、学生たちは「集中できない」「怖い」とSNSなどで不満を訴えていた。

大学が契約を更新しなかった背景には、こうした学生たちからの不評も一因としてあったかもしれない。

このような問題を解決するため、識者らは、「大学は人材を募集するときに講師や研究者などの職位を細分化し、その職位階層における多元的な審査基準を作るべきだ」と提言している。学生指導と研究論文の両方ができる研究者ばかりではない。

また、「大学の講師や研究者の管理と審査は独立運営の教授委員会や学術委員会が行い、行政評価の度合いを薄め、行政権、教育権、学術権を分離し、同僚による評価を推進すべきだ」ともする。

加えて、「審査過程は講師や研究者の学術能力と貢献度だけでなく、その指導能力や大学に対する貢献度なども指標として、教授委員会や学術委員会が審査基準を制定する必要がある。同時に、基礎研究を行う研究者に対しては適度に研究時間の制限を緩和し、審査周期に柔軟性を持たせることが必要だ。また、人数枠で決めるのではなく、申請者が基準を満たす研究成果を達成すれば、原則的に、終身雇用の教授や助教に昇級させるべきだ」という。

総じていえば、この殺人事件が発生した原因は、中国がアメリカの制度を真似したが、上手に機能しなかったことによる悲劇だ。だが私は、アメリカで機能する制度が中国では機能しなかった確固たる理由があると見ている。

それは、制度設計における「精神の差」だ。アメリカは制度の最終的な目的が、学問の自由を守ることにあった。ところが中国の制度は、研究者をかき集めてコントロールし、その成果を吸い上げることが目的だった。この違いが背景にある。

研究者が良心を喪失する「千人計画」

中国は世界から先端の研究者をかき集めるため「千人計画」政策を打ち出し、膨大な予算を割《さ》いた。高報酬や高待遇に目がくらみ、日本を含めた世界中の研究者の多くが、中国の大学や研究機関に就職した。

中国ならば、医学やバイオ、あるいは遺伝子やAIの分野などで常に付きまとう倫理的な制約もなく、より「自由」に研究できると思う人もいるようだ。実際、他国で禁じられた「ゲノム編集ベビー」や「生物兵器」の研究が行われてきた。

だが実は、それは自由などではなく、研究者が良心を失うだけのことなのだ。しかも、期待どおりの成果を出せなかったり、成果を出しても党に従順でなかったりすれば、残酷に切り捨てられ、ときにはスパイ容疑をかけられる。中国に関係する在外中国人研究者や外国人研究者が、中国からスパイ容疑で拘束される事件も、他国からスパイと見做されるケースも多々ある。

もし姜文華がアメリカで研究職を続けていれば、その後は成功した中国出身の数学者としての人生を歩んでいただろう。

いまなお「千人計画」につられて中国の大学への就職を考えている人がいるなら、この機会に本当の「学問の自由」とは何かを、もう一度考えてほしい。

26 一四歳の金メダリスト――挙国体制の背後にある悲劇

文字が読めない金メダリスト

二〇二一年八月八日、コロナ禍のなか、東京オリンピックは無事に閉幕した。金メダルの数はアメリカが三九、中国が三八。中国の順位はリオデジャネイロオリンピックの三位から二位に上がり、金メダル数は大幅に増え、躍進したといっていい。

このメダルの一つひとつに、それを取り巻く人間ドラマがあった。このなかで、チャイナウォッチャーとしてとりわけ胸に刺さったエピソードがある。それは、なんといっても女子一〇メートル高飛び込みで、七人の審査員全員が出来栄《できば》え点一〇点満点を二回も出し、四六六・二点という圧巻の高得点で金メダルを獲得した中国の全紅嬋《ぜんこうせん》選手、一四歳の物語だ。

ナショナルチーム入りしてわずか九カ月。「水花消失術」(着水の水しぶきが消える技術)と形容される、ほとんど水しぶきのない着水と美しい姿勢の演技に世界が震撼《しんかん》した。それ以上に揺さぶられたのは、演技後の彼女の記者会見のコメントだった。

記者からの「どのようにして、これほどパーフェクトな演技ができたか」という質問に対して、彼女はこう答えたのだ。

「練習しました。ゆっくりずっと練習したんです。私のお母さんは病気です。でも、私は（病名の）その文字をどう読むのか分からず、どんな病気かも分からず、だから、ただお金を稼いで持ち帰ろうと、たくさん稼いだらお母さんの病気も治るだろうと思いました……」

このコメントが中国で流れたとき、親孝行の模範と称賛された。彼女の幼い顔立ちや体つき、そしてたどたどしい言葉遣《づか》いが、一層、健気《けなげ》さを際立《きわだ》たせた。

だが、もう少し冷静な人たちは、その幼さ、健気さの背後に、彼女の生きている過酷な世界を垣間見《かいまみ》ていた。中国のオリンピック選手の育成方法はいくつかあるが、その一つが農村の才能ある子女を幼時から引き取り、スパルタ式に鍛え上げ、ふるいにかけていく方法である。彼女はまさに、そうしてかき集められた数万の農村の子どもたちから、鍛え抜かれて勝ち残ったオリンピック金メダリストなのだ、と。

金メダルの三分の二は農村の選手が

全紅嬋選手は二〇〇七年三月二八日、広東省湛江《たんこう》市郊外の平均年収一・一万元（約二二

万円）という貧困状態にある農村に生まれた。五人きょうだいの三番目の二女。中国では二〇一五年まで一人っ子政策が続いていた……ということは、彼女は幼いころ戸籍がなかったかもしれない。彼女は貧困家庭にはありがちの輟学《てつがく》童工（小学校を途中退学して労働する児童）で、働いて家計の手助けをしていた。

そこに市の体育学校コーチがやってきて、当時七歳の全紅婵を見出《みいだ》した。農村中の子どもたちに対し、基礎体力検査や身体検査を行ってから選出するのだが、このとき全紅婵は身長一二〇センチでありながら、垂直跳びの到達点が一七六センチという驚異的な跳躍力を発揮してみせた。

湛江市体育運動学校は、労麗詩《ろうれいし》ら高飛び込みの金メダリストを輩出してきた名門校だ。中国には二〇〇〇にも及ぶ政府運営の全寮制体育学校があり、およそ五〇万人の選手が、挙国体制のもとで育成されている。

だが実のところ、各地方政府に潤沢《じゅんたく》な予算があるわけでもなく、湛江市体育運動学校は、広東省では最も貧しい体育学校だった。濁った水の露天プールで、農村からかき集められた何十人もの子どもたちが並び、ただひたすら単調に飛び込み続ける練習風景は、スポーツの英才教育をイメージする人たちの想像を裏切るものだろう。

全紅嬋は一日に陸上で二〇〇～三〇〇回もの宙返りを行い、プールでは一二〇回前後の飛び込みを繰り返すという単調で厳しい訓練に耐えた。このようなスパルタ式の訓練法に黙って耐えられるのは、貧困状態にある農村の、我慢強い子どもたちだけだろう。

こうして一九八四年に中国が初の金メダルを獲得して以来、金メダルのおよそ三分の二は、農村出身の子女に支えられてきた。同時に、この挙国体制の体育学校は、農村子女の口減らし先でもあったのだ。

児童労働搾取で作る金メダル

二〇一七年、全紅嬋の母親は出稼ぎ先で交通事故に遭った。しかし貧困のために適切な治療を受けられず、後遺症に苦しんでいた。また病気の祖父もおり、農民の父親は、その介護のために十分に働けなかった。結果、一家はさらに困窮……。

全紅嬋は、自分に支給される食費などを削って、家に送金していたという。彼女は「遊園地にも動物園にも行ったことがない」とも語っていた。

そんな彼女は、二〇一八年に一一歳で広東省飛び込みチームに選出され、二〇二〇年一〇月、初めて全国大会に参加した。そして、早くもこの大会で、オリンピック予選への参加資格を得たのだ。

オリンピックの飛び込み選手は一四歳以上という年齢制限がある。東京オリンピックがコロナ禍のせいで一年延期にならなかったら、彼女は年齢的にいって、オリンピックに参加するチャンスはなかった。しかも東京オリンピックは、彼女にとって初めての国際大会。なんというシンデレラストーリーであろう。

こうして一夜のうちに国家の英雄になった全紅嬋の実家は、翌日から、お祭り騒ぎとなった。まず地元の企業三社が、住宅と売店用の店舗を、そして二〇万元（約四〇〇〇万円）の寄付を申し出た。「売店主になることが将来の夢だ」と、全紅嬋は、テレビインタビューで語っていたのだ。

彼女は駄菓子の辣条《ラーティアオ》（小麦粉と唐辛子をこねて揚げたもの）が好物なので、もし自分で売店を経営することができれば、それをいつでも食べられる、というわけだ。

全国のファンや企業から、一〇〇箱以上の辣条も送られてきた。遊園地の一年間優待パスなどもプレゼントされた。湛江市衛生健康局と広東医科大学附属病院の代表は、八月六日、彼女の祖父が入院する病室に慰問に行き、祖父と母親の治療に全面的に協力することを保証した。

が、一夜でこれほど変化した事態に素朴な父親は戸惑い、結局、「娘の栄誉を消費したくない」という理由で、こうした寄付はすべて拒否した。日本人の中国人観からすると、意外な対応を取ったといえるのではないか。

カリフォルニア在住の華人評論家・方舟子《ほうしゅうし》はツイッター（現X）で、全紅嬋についてこう投稿していた。

「一四歳。日常的な質問も聞き取れない（広東人の彼女は普段は広東語使用者で、普通話《プートンホワ》があまり聞き取れず、記者からの質問にキョトンとしていることがよくある）様子を、なぜ可愛《かわい》いと思うのか。ただ悲しいだけだ。

子ども時代がなく、（母の病名など難しい漢字が読めないなど）基礎教育も受けておらず、訓練によって飛び込みマシーンにされて、母親のために金を稼ぐ。これは童工（児童労働）とどこが違うのか？

このほかに、金メダリストになり損ねた童工がどれほどいるのか？」

敗者に厳しい国、それが中国

この方舟子のコメントには、中国人ネットユーザーが、「才能を活かしてなぜ悪い？

勉強ができなくてもいいではないか」と一斉に嚙《か》みついた。だが、こうした反論者は、彼女の背後に、途中で挫折し、時には怪我《けが》などで重い障害を負って農村に帰される者の姿が見えていない。

そうした者たちは、すでに義務教育の機会を失い、人生のやり直しすら許されない。こんな敗者の境遇には関心がないのだ。

中国は、本当に、敗者に厳しい国である。

二〇二一年の東京オリンピック・パラリンピックでも、ネットを通じて選手を応援した中国人ネットユーザーは、これまで以上に敗者に厳しかった。挙国体制で育成される選手は、勝てば国家の宝。だが、負ければ国家の恥、非愛国者、非国民と見做《みな》される。

たとえば卓球混合ダブルスで、水谷隼《みずたにじゅん》・伊藤美誠《いとうみま》ペアに負けた許昕《きょきん》・劉詩雯《りゅうしぶん》ペア、バドミントン男子ダブルスで台湾ペアに負けた李俊慧《りしゅんけい》・劉雨辰《りゅううしん》ペアも、一部の中国人ネットユーザーから、「国家を敗北させた」「国家の恥」「寝てたのか、クズ」などと、激しい罵《ば》声《せい》を浴びせられた。

卓球混合ダブルスの決勝のあと、劉詩雯がテレビカメラに向かって号泣しながら、「チームを失望させた、ごめんなさい」と謝罪したのは、決して大袈裟《おおげさ》なことではなかったのだ。

中国の挙国体制による選手育成は、たしかに一夜にして富と栄誉をもたらす。しかし、それは児童が本来受けるべき家庭の愛情や庇護《ひご》から切り離された場所から生まれる。虐待にも似た厳しい環境下で特訓を受け、敗者たちの屍《しかばね》の上でつかんだ、ほんの一握りの例だ。

しかも、こうして多くの犠牲の上に得た栄誉も、実は選手個人のものではない。国家が利用するためのものなのである。中国のオリンピック選手は、権威主義体制の生贄《いけにえ》といってもいいだろう。

27 三角帽をかぶせられるスターたち

なぜ超セレブ女優は姿を消したのか

私にとって一番の中国語教師は、一九九〇年代に大ヒットした中国テレビの連続ドラマ『還珠格格《かんしゅかくかく》（還珠姫《かんしゅひめ》～プリンセスのつくりかた～）』だった。そのヒロイン・小燕子《シャオイエンズ》を演じた女優、趙　薇《ヴィッキー・チャオ》の可憐《かれん》さに夢中になった。

当時、上海の復旦《ふくたん》大学に留学していた私は、このドラマを繰り返し観て、原作小説も読み、語彙《ごい》を増やして発音を学び、さらにリスニングを鍛えることができたと思う。小燕子は永遠のヒロインであり、中国語習得のモチベーションだった。

二〇二一年の後半、その趙薇の動静が不明になった——。

中国では二〇二一年七月以降、芸能界がスキャンダルで揺らいだ。アイドルグループE《エ》X《ク》O《ソ》の元メンバーの人気スター・呉亦凡《ウーイーファン》が強姦《ごうかん》罪で逮捕され、人気若手女優の鄭　爽《ジエンシユアン》が脱税で巨額の罰金を科され、大ブレイク中の俳優・張　哲瀚《チャンジャーハン》が「精日（精神的日本人）俳優」だとバッシングされて業界から干された……。

そうした状況下、八月二六日ごろから、趙薇の出演作品がテンセントビデオなどから消え、彼女の名前で検索もできなくなった。中国のネット上では彼女に関する情報が一切途絶え、あたかもそんな女優は最初から存在しなかったかのように「封殺」された。

海外の写真投稿SNSのインスタグラムでは、八月二九日に趙薇が投稿していた。北京の実家に両親とともにいるような意味深な写真を一度、投稿したのだ。しかしそれも、すぐに削除された。

一体、彼女の身に何が起きたのか……私も含め、世界中のファンが不安になった。

趙薇は当時、四五歳。デビュー当初こそ可憐なアイドル風女優だったが、殺陣《たて》や馬術などもこなせる演技派の大女優に成長していた。歌手や映画監督としても優秀で、マルチな才能を発揮していた。

一女の母でもあり、夫は黄有龍《ホアンヨウロン》という実業家。夫はアリババの馬雲《ジャック・マー》と特別に親しく、彼女はそうした財界コネクションを利用して、実業家や投資家としても有名になっていた。「女性版ウォーレン・バフェット」というニックネームすらあった。

その趙薇の微博《ウエイボー》のフォロワーは八六〇〇万人。二〇一五年の中国長者番付では三九三位で、中国人女優のなかでは最も資産家だとされた。その資産は五〇億元（約一〇〇〇億円）前後と見られた。

つまり、彼女は中国の共産党員数にも迫るファンを持ち、資産家と政財界にも広いコネクションを持つ、国際的にも有名な大セレブだったのである。

中国エンタメ界の粛清の凄まじさ

だが、彼女にはいくつかの不穏《ふおん》な噂があった。

一つは、二〇〇一年一二月に発売されたファッション雑誌で起こした「事件」。旭日旗《きょくじつき》に似たデザインのドレスを着てグラビアに登場したのだが、これが「売国的」だと猛烈なバッシングを受けた。この事件がずっと尾を引いた。最初、謝罪文を発表し、なんとか凌《しの》いだが、ことあるごとに蒸し返された。

張哲瀚が日本の乃木《のぎ》神社で行われた友人の結婚式に参加したり、デヴィ夫人とのツーショット写真を撮ったことなどが暴露されたときも、彼が所属する芸能事務所が趙薇の経営であったことから、バッシングを受けた。すなわち、「彼女が過去の旭日旗ドレス事件を反省していないから、事務所の俳優も売国奴《ばいこくど》になったのだ」と。

もう一つの黒い噂は、二〇一七年に報道された「パラダイス文書」のリストのなかに趙薇と夫の名前が見つかったことだった。この文書は、イギリス領バミューダ諸島に拠点を置く法律事務所などから流出した顧客情報や登記文書。前年の「パナマ文書」同様、世界各国の富裕層や大企業がタックスヘイブンをいかに利用しているかが暴露された。

二〇一六年暮れにも趙薇は注目された。上場企業・万家文化の株式約三〇パーセントを取得して彼女が筆頭株主になったと発表されたのだが、五〇倍のレバレッジをかけた株価操作が問題視された。そのため五年間の投資禁止命令と、夫婦それぞれに三〇万元、二人合わせて六〇万元（約一二〇〇万円）の罰金が科された。

また、二〇二〇年一一月に起こったアリババ傘下のフィンテック企業アント・グループの香港・上海同時ＩＰＯ（新規上場）計画が頓挫した事件に絡《から》んでいたともされた。アント・グループのＩＰＯ停止の裏には、浙江省《せっこうしょう》杭州《こうしゅう》市書記らが絡むインサイダー取引があったという噂がずっと流れていた。そのせいで、杭州市書記を含む浙江省高級官僚たちが、二〇二一年に入ってから相次いで失脚したとされていた。そして、このインサイダー仲間に馬雲の親友である趙薇らも含まれているのではないか、と疑われたのだ。

ちなみに、アント・グループのＩＰＯ停止の背景には、習近平と政敵の関係にある江沢民ファミリー関係者や太子党《たいしとう》（中国共産党の高級幹部の子弟など特権的地位にいる者たちのグループ）関連の資金が入っていたことが関係している、ともいわれた。

こうした噂に加え、二〇二一年以降、矢継ぎ早に行われていた中国エンタメ界の粛清の凄《すさ》まじさが重なって、趙薇が無傷で芸能界に復帰できるなどとは思えない状況にあった。

芸能界は官僚利権の巣窟

ただ、芸能界で起こる粛清の動きは、このときに始まったことではない。

まず芸能界は、かなり昔から共産党官僚の利権の巣窟《そうくつ》だった。というのも、映画やドラマの制作は格好《かっこう》の資金洗浄の機会になるし、美人の女優や歌手の卵は、官僚への性接待にも使われた。野心を持つ芸能人と、金を持つ資本家と、権力を持つ官僚・政治家が癒着し、それが権力闘争とセットになって、たびたび粛清の嵐を呼んだのである。

だが、趙薇のケースは、そうした従来型の権力闘争ではなく、もっと複合的なものに感じられた。すなわち習近平の権力掌握運動につながるものである、と。なぜなら二〇二一年は、「推し活」禁止令ともいえる「飯圏」（ファンコミュニティ）への指導が徹底された年であるからだ。

「推し活」では、ファンがその崇拝の対象である「推し」のステイタスを「推し」上げるために活動する。たとえば、「推し」が広告塔を務める企業のブランド商品を一斉に買ったり、組織的にネットに評判を書き込んだりして、人気やステイタスを「推し」上げ、「自分がスターを育てた、支えている」という満足感を得る。まさに信仰のような情熱で、それが経済、市場、世論を動かしている。

そして芸能界で粛清を行うときの建前は、「芸能界は腐敗の温床《おんしょう》であり、脱税などの脱法行為、セクハラ、レイプ、麻薬犯罪が多く、道徳的な規律を欠いており、青少年の健全な育成に悪影響を与えるので、党の厳格な指導に基づくルールを作る必要がある」ということになるだろう。

だが、習近平の本音を想像すると、スターとファンコミュニティの結束、その市場や世論を操る影響力に、脅威を感じたのではないだろうか。

たとえば、韓国のアイドルグループＢＴＳのファンコミュニティの微博アカウントが、「推し」の誕生日祝いの広告を出すためにクラウドファンディングで資金を募ると、なんと一時間で二三〇万元（約四六〇〇万円）もの金額を集めた。のちに、このアカウントに対し六〇日の凍結処分が科されたのだが……。

習近平の誕生日を祝うために共産党員がクラウドファンディングをしても、果たしてこれほどの金額が集まるだろうか？

毛沢東の紅衛兵に倣い「習近平推し」を

習近平は、鄧小平《とうしょうへい》が作り上げた二期一〇年ごとの最高権力禅譲《ぜんじょう》システムを破壊し、一〇年を超える長期独裁政権を打ち立てようと腐心してきた。だが、彼には党員や人民による「推し」はない。

それどころか、経済減速と規制強化による国民の息苦しさ、戦狼《せんろう》外交（威圧的な外交）による国際的孤立、それに対する責任追及が、ひしひしと自分に向かってくることが分かる。これを放置すれば、習近平を非難する中国の世論が構築されるかもしれない。

だからこそ、共産党員や人民の不満の矛先《ほこさき》を、カリスマ経営者や大セレブ、そして富裕層に向けさせなければならないのだ。

かつて毛沢東が、自分の失政をうやむやにするために文化大革命を発動し、資本家や知識人らを「階級の敵」として、批闘（批判闘争）すなわち吊し上げの餌食《えじき》にした。毛沢東は紅衛兵《こうえいへい》という「毛沢東推し」のファンコミュニティを動員し、世論を掌握したのだ。習近平の狙いも、同じところにあるのではないか。

スターやセレブを吊し上げ、ネット紅衛兵を動員して、自分だけを人民の唯一の「推し」として称賛させる。これは新たな「文革」ではないか？

だが、憧れだったスターに三角帽をかぶせ罵《ののし》る社会で、誰が夢を見て努力し、幸せになれるだろうか？

習近平の独裁が長期化すれば、改革開放後の数十年でようやく花開き始めた芸能文化、社会経済は、咲き誇る前に踏みにじられてしまうはずだ。

28 朝鮮戦争批判は革命烈士侮辱罪だ！

「毛沢東はひどい戦争をやった」

中国の国慶節休み（通常一〇月一～七日）に合わせた封切り映画のなかで、二〇二一年に空前の大ヒットを飛ばしたのが、朝鮮戦争（一九五〇～五三年）をテーマにした戦争映画『長津湖《ちょうしんこ》』（邦題：1950　鋼の第7中隊）だった。

これは愛国プロパガンダ映画なのだが、陳凱歌《チエン・カイコー》、徐克《ツイ・ハーク》、林超賢《ダンテ・ラム》と、中国映画、香港映画好きなら誰もが知っている名監督たちがタッグを組んでの製作。なので、面白くないわけがない。

二〇一七年に大ヒットした愛国戦争映画の『戦狼《せんろう》2』（邦題：戦狼　ウルフ・オブ・ウォー）の主演を務めた呉京《ウー・ジン》が主演を務め、まさに「全中が泣いた」感動巨編となった。一週間で興行収入は三二億元（約六四〇億円）、国慶節に封切りした映画としての記録を塗り替えた。

微博《ウエイボー》の映画評などには、「祖国は決して、この英雄たちを忘れない」「銀幕を通して、私も氷と戦火のなかにいた。この残酷な戦争のなかで、不屈の義勇兵の姿を見た。恐れを知らぬ無私の精神、彼らが最も愛すべき人たちである本当の理由が分かった」などといった感動のコメントがあふれていた。

映画の一番の盛り上がり場面は、氷点下三五度の長津湖で、中国義勇兵が銃を構えたまま凍りつき、それがまるで氷の彫像が延々と連なるように見える凄惨《せいさん》なシーン。これを見た中国の若者たちが異口同音《いくどうおん》に述べたのは、「北朝鮮を助けるために、親世代や祖父母の世代が、あんな戦争をしたとは知らなかった」というものだ。

この映画は、単純な愛国プロパガンダ映画や国威発揚《こくいはつよう》映画ではない。また、アメリカへの敵意を刺激する映画に見えて、その実、勝ち目のない朝鮮戦争に送り込まれた義勇兵の悲惨さも偽りなく描いている。鑑賞後、「毛沢東はひどい戦争をやったのだなあ」という印象を持つ人は少なくなかったはずだ。

「全中国が泣いた」感動シーンへの皮肉

だが、「ひどい戦争だ」という素直な感想は、軽々しく口にはできない。というのも、中国の著名な体制内メディア人の羅昌平《らしょうへい》が、微博アカウントで映画について思うところをストレートに書いたのだが、なんと逮捕されてしまったからだ。

羅昌平は一九八〇年生まれ。かつては中国商報や新京報の敏腕記者であり、その後、財経誌の副編集長を務めた人物で、数々の官僚汚職の調査報道で評価される記者だ。

たとえば二〇一二年には、元国家エネルギー局長の劉鉄男《りゅうてつなん》の学歴詐称を暴いた。そうして党員としての規律違反や汚職を微博で報じ、劉鉄男を失脚に追い込んだ。彼と部下は劉鉄男の汚職を取材したのだが、このとき当局の圧力を受けた上層部が雑誌での記事掲載を見送った。そのため微博アカウントで報じたのだ。

結局、それが原因となってジャーナリストを辞めたのだが、その後、実業家として成功、第三者評価ネット「優格網」をドイツ企業とともに立ち上げた。当時は中国でも彼に対する評価は高く、二〇一三年度の「網易《ネットイーズ》が選ぶ英雄的人物」の一人に選ばれるなど、多くの賞を受賞している。

その羅昌平が二〇二一年一〇月六日、微博で、映画についてこんな論評を投稿した。

「半世紀も経過したが、この戦争の正義を検証する中国人は非常に少ない。この戦争について、あまり多くの論評をする必要はない。いまの北朝鮮と韓国を見れば一目瞭然だろう」

このコメントには、一九五〇年一一月二七日から一二月七日までの長津湖戦役における最低気温が氷点下三五度に達することを示す気象資料の図が付けられていた。愛国映画の「全中国が泣いた」感動シーンに対して、「気象条件を知りながら、この時期に無謀な戦争をした当時の共産党は無能だ」といっているわけだ。

毛沢東の自己愛を指摘した悲劇

羅昌平の発言は間違っていない。朝鮮戦争は、多くの反対意見を無視して、毛沢東が強引に参戦を決めた。本当なら勝ち目のない戦いだった。

毛沢東の本音は、自分より有能で人格者の彭徳懐《ほうとくかい》を司令官に任命し、戦地に送り込んで、失敗すればよし、願わくは戦死してほしい、と願っていたのではないか……。

また毛沢東が長男の毛岸英《もうがんえい》を戦地に送り込んだのは、一種の人身御供《ひとみごくう》ではないか……毛沢東の自己愛が家族愛よりもはるかに強いことは、その言動から推して知るべしなのである。

ゆえに、氷点下三五度のなかで戦うというのに、兵士にろくな装備も与えなかった。長津湖戦役には六万七〇〇〇人の「義勇軍」が投じられ、三万人にも及ぶ凍死傷者を出した。

ちなみにこの義勇軍には、国共内戦の敗北後に投降した元国民党軍兵士の多くが、忠誠を示す機会として志願した（させられた）という。

最終的には彭徳懐の天才的な指揮によって、なんとか引き分けにもっていった朝鮮戦争ではあったが、兵士の命が虫けらのように軽《かろ》んじられた愚かで残酷な戦争であった。彭徳懐はその後、大躍進政策を批判したかどで失脚、非業《ひごう》の死を遂げている。

さて羅昌平のこのコメントに戻ろう。彼は全中国からのバッシングに遭った。特に機関紙、解放軍報の微博アカウントの一つ「鈞正平工作室《きんしょうへいこうさくしつ》」は、「そうした悪意によって、英雄烈士を無謀にもほしいままに中傷することなど、決してあってはならない」などと攻撃した。

また中国共青団のアカウントは羅昌平の投稿を転載したうえで、「抗米援朝の英雄烈士や先駆者を蔑《さげす》むことに我々は応じない」「抗米援朝の偉大なる大勝利は絶対に誰かの貶《おとし》めによって消え去ることはない」などとコメントした。

微博では「英雄烈士侮辱罪で、公共知識人の羅昌平を告発しよう」という呼びかけが起きた。すると羅昌平は、「自分のコメントに重大な過ちがあり、深刻に多くの人の感情を傷つけてしまった」として、「深く自己批判し、真摯《しんし》に謝罪する」と発言した。

しかし、世論のバッシングは鎮《しず》まらなかった。ネットユーザーは羅昌平の過去の言論をもほじくり返してきた。たとえば、毛沢東の息子の毛岸英の命日を「卵チャーハン記念日」と形容したこと。毛岸英は卵チャーハンを作っているときに米軍の爆撃を受けて死亡したのだ。

また、かつて台湾人俳優の戴立忍《ダイ・リーレン》に手紙を書いたことがあり、ネットユーザーたちから台湾独立支持者とのレッテルを貼られたことも蒸し返された。

「愛国プロパガンダ戦争映画」は終身独裁のため

羅昌平の微博アカウントは、すぐに削除された。海南省三亜《さんあ》市の警察当局が市民からの告発を根拠に、英雄烈士の名誉・栄誉を侵害した容疑で、羅昌平を刑事拘留《こうりゅう》（逮捕）したからだ。

羅昌平が逮捕された二日後、別のネットユーザーが、「寒戦（朝鮮戦争のこと）の最大の成果は卵チャーハン（毛岸英の死）か。卵チャーハンに感謝だ！　卵チャーハンがなければ、ネットユーザーは朝鮮《チャオシエン》と曹県《ツアオシエン》（山東省の農村、発音が「朝鮮」に似ている）の区別もつかないだろう、まあ悲しむべきことに、いまなお大して区別がないが」などと微博に投稿した。すると、やはり抗米援朝の英雄烈士を侮辱する発言を行ったとして、一〇日間の行政拘留措置を受けた。

戦争映画は、どこの国でも、愛国プロパガンダ的な要素、あるいは反戦などのイデオロギー色が出る。だが、その映画を自由に論評できるのが民主主義社会の良いところだ。一方の中国では、一つの声しか許されず、党や軍の過ちを指摘しようとすれば、それは革命烈士侮辱罪となる。

しかし、義勇兵が凍死した姿を感動的に見せる映画で大儲けすることのほうが、よっぽど革命烈士侮辱罪に当たるのではないか?

朝鮮戦争に中国が参戦した最大の意義は、毛沢東の独裁的な権力を確固たるものにしたことだった。毛沢東を崇拝する習近平も、終身独裁を目指し、同様の戦争を起こそうとするかもしれない。

それが近年の「愛国プロパガンダ戦争映画」を連発することの狙いだとしたら、乏しい装備で最前線に放り出される兵士たちは、この映画を観て感涙した人たちだろう。

29 結婚も出産も望まない若者たち

儒教的価値観からの自由

二〇二三年になって、「なんで結婚しないの？」という話題で、複数の三〇代の中国人女性と話をする機会があった。そのときは、「する必要を感じない」「なぜしなくちゃいけないの？」などと返された。こういう返答が中国人女性から来ること自体、隔世の感だった。

というのも、一〇年くらい前までは、中国で結婚しないということは極めて体裁《ていさい》が悪く、男女ともに三〇歳前後になると焦《あせ》っていた。

また本人が良くとも、親や親戚が許さなかった。親や親戚からの圧力をかわすために、春節などで都会暮らしの若者が農村の実家に帰るときには、パートタイムで人を雇い、ニセの結婚相手として連れて帰ったりしたものだ。

だが最近の中国の若者は、「結婚しない」と、ごく普通にいう。

実際、中国では、結婚も出産も望まない若者が増えている。中国民政部が発表した直近のデータによれば、二〇二二年の一年間の結婚登記数は六八三・三万組で、これは一九八六年以来の史上最低となる結婚数だという。

中国の結婚組数は二〇一三年の一三四六・九万組をピークに、二〇一九年に一〇〇〇万組の大台を割った。そうして二〇二一年には八〇〇万組となり、二〇二二年も前年比一〇・五パーセント減と急減少した。さらに二〇二四年の中国における結婚組数は、前年比二〇・五パーセント減の六一〇・六万組まで減った。

なぜ若者たちは結婚しないのか？

儒教的価値観の強い農村社会では、結婚し、子どもを産み、そしてその子どもが男子であり、その男子が祖先を祀《まつ》ることで、祖先が子孫を加護して一族が栄える、という考え方が根強くあった。だからこそ、親戚中が一族の若者の結婚や出産に関心があり、いろいろと口を出してきた。

もし、いまの若者たちが結婚も出産もしない選択が普通にできるならば、これは「儒教的価値観から自由になった」という喜ばしい現象だ。たしかに女性も高等教育を受けるようになり、経済的に自立できたため、生活の安定手段としての望まない結婚をする必要はなくなってきた。これは社会の進歩だろう。

若く美しい女性は国際結婚か大都会の金持ちを選ぶ

だが本当のところは、けっこう残酷な中国特有の社会的背景がある。

二〇一五年に一人っ子政策が終わり、中国の少子高齢化問題が顕在化《けんざいか》してきた昨今、二人っ子政策（子どもを二人以上産むことを推奨）や三人っ子政策（三人以上産むことを推奨）の圧力が強まっている。そしてここには、女性の産む権利や労働市場における平等な競争の権利を保護するうえで、あまり良くない影響が出てきている。

たとえば中国では、最近になって未婚の出産の合法化を認める地域が増え、女性は子どもを産まねばならないという政治的なプレッシャーが強くなっている。しかし、これに対する抵抗感が、結婚拒否の意思表明につながっているようだ。

また長年の一人っ子政策の影響で、結婚適齢期の男女の均衡が著《いちじる》しく崩れており、男性が女性に物理的に巡り会えない。二〇二〇年の統計では、二〇～四〇歳の人口で、男性は女性より一七五二万人多いのだという。

「一等美女は海を越え、二等美女は上海・深圳《しんせん》」という言い回しが中国にある。それでなくとも少ない女性のうち、若く美しい者は国際結婚で海外に脱出し、あるいは上海や深圳といった大都会の金持ちを相手に選ぶ。農村青年たちは、そもそも相手を見つける機会が少ない。

さらに、若者の深刻な就職氷河期が続いており、公式統計でも、二〇二三年五月の段階で、一六～二四歳の失業率は二〇・四パーセント、一六～四〇歳の青年世代のうち五四〇〇万人が失業中という推計もある（北京改革発展研究会・王明遠《おうめいえん》研究員）。若者の多くが日銭《ひぜに》で糊口《ここう》を凌《しの》いでいる状況で、家庭を持ち、子どもを育てる経済力がない。

ネットでは「濫生無辜《むこ》」という言葉がはやっている。これは「濫殺無辜」（罪なき人をむやみに殺す）という言葉の言い換えで、「罪なき人をむやみに産む」という意味だ。ある男性は、この言葉とともに、ネットにこう書き込んだ。

「結婚して、子どもを産むなんて、月給三〇〇〇元（約六万円）でできることじゃないよな」

若い中国人女性たちはこういう。

「両親は共働きで、懸命に働いて、私を重点大学（政府が認定した権威ある大学）にまで行かせてくれた。私も必死に受験戦争を勝ち抜いた。なのに、卒業してもろくな仕事に就《つ》けない。自分が子どもを産んで、罪のないわが子に同じ苦労をさせたいとは思わない」

「いまの中国人は不幸だ。私たちのような不幸な人間を再生産するための結婚や出産は拒否する。私たちの代で、この苦しみを終わりにさせたい」

いまの時代、子どもを産むことは「濫生無辜」なのだ。

中国の体制への絶望で自殺した女性

数年前、私の中国人の友人の娘が自殺した。浙江《せっこう》大学という重点大学に入学し、卒業後は清華《せいか》大学の大学院で歴史研究を行いたいと希望していたが、院の試験に落ち、浪人中の自殺だった。

その理由を、試験に失敗したショックからのものと思っていたのだが、最近、彼女の親友から聞いた話では、「中国の体制への絶望が一つの大きな理由であった」という。

彼女は、劉仲敬《りゅうちゅうけい》というアメリカに亡命した歴史家に傾倒しており、日ごろから現在の中国の体制に疑問を持ち、このような中国で生きていくことには虚《むな》しさを感じていた。ちなみに劉仲敬は、「異なる民族で構成されている中国は解体されるべきだ」という独特の中国史観を持っており、一時、中国の若者に大きな影響を与えていた。

友人の娘の自殺の理由が「体制への不満である」という結論は簡単に出すべきではない。

しかし、漠然と現在の中国社会に対する不満や不安を抱き、明るい未来への展望を持てず、それが自殺や「躺平《タンピン》主義」（寝そべり主義）と呼ばれる「あらゆる努力の放棄」、あるいは結婚や出産を拒否する主張につながっている可能性は高い。そう指摘する専門家も少なくない。

カナダのケベック大学に在籍する華人著名フェミニストの張堯《ちょうぎょう》は、アメリカ政府系のラジオ放送局ボイス・オブ・アメリカの取材に対して、「中国の若者が結婚や出産を拒否するようになった背景には、中国共産党体制の政治・経済状況に対する不満がある」という。

張堯によれば、もともと中国には男尊女卑の概念があり、女性が家庭で虐待されるケースは少なくない。中国フェミニズム運動が盛り上がるきっかけとなった二〇〇九年の董珊《とうさん》珊《さん》事件（夫からのドメスティック・バイオレンスによる妻、董珊珊の暴行致死事件、夫は虐待罪で懲役六年半）、二〇二二年に徐州市で鎖につながれたまま八人の子どもを産まされた女性の状況がネットで発信された前述の事件などは、海外でも注目された。

こうした女性の鬱屈《うつくつ》した環境は、コロナ禍でのロックダウン期間に一層厳しいものになった。さらにコロナ禍後の経済回復がうまくいかず、女性のみならず、男性も将来に漠然とした不安を持つようになった。

非婚で共産党体制に抵抗を

張堯はこう指摘する。

「二〇二二年五月の上海ロックダウン期間に、ＰＣＲ検査で陰性の男性が違法に隔離病院キャンプに連行されそうになって抵抗した。このとき警察が、『抵抗すると、お前の子孫三代までひどい目に遭わせるぞ』と脅《おど》したところ、男性は『俺が一族最後の一代だ、謝《シエ》謝《シエ》！』といい捨てた動画あった。この発言が、いまの中国の若者の気分を象徴している」

「要は、これは若者の中国共産党に対する一種の抵抗なのだ。私たちは、あなたがた共産党のゲームの駒ではない。共産党にもてあそばれるのは私たち一代で最後、この国では、もう子どもは産まないという意志だ」

結婚への抵抗は、中国共産党の統治や、その生産性に大きな影響が出ると指摘するのは、ロンドンのロイヤル・アカデミーの中国研究院講師、劉葉《りゅうよう》だ。

「中国共産党が人民に結婚を奨励することは、すでに一種の政治的プロジェクトになっている。目的は男性が主導的地位を占める父権社会を維持すること。そして、この父権社会が、いわゆる公民や、その生活、選択権、あるいはチャンスなどをコントロールしている中国共産党の権威主義体制につながっている。だから結婚に抵抗することは、一種の（共産党体制に対する）声なき革命なのだ」

あえて若者たちは結婚せず、子どもを産まない。それは、中国の人口を縮小させ、高齢化を進め、経済を衰退させる。彼らは身を挺《てい》して共産党体制の終焉《しゅうえん》を早めようとしているのか？

声を上げて体制批判すれば投獄される――そんななかで実行できる若者の抵抗が、まさに非婚なのである。

第五章　香港の悲劇そして少数民族の地獄

30 香港司法への死刑判決――周庭さんたち収監の残酷

「香港司法」への死刑判決

二〇二〇年一二月二日、香港の若き社会運動家、元デモシストメンバーの黄之鋒《こうしほう》、周庭《しゅうてい》、林朗彦《りんろうげん》の三氏が、「六・二一警察包囲集会」事件に関する裁判において、「違法集会を計画的に組織した罪」「他人を惑わし煽動《せんどう》して違法集会に参加させた罪」で、それぞれ禁錮一三カ月半、一〇カ月、七カ月の実刑判決がいい渡された。

「初犯」の周庭さんには執行猶予が付くのではないかという望みもあったが、それは見事に裏切られ、うなだれて涙を流す彼女の姿には、世界中の良心が悲鳴を上げたことだろう。

二〇一四年の雨傘運動からおよそ六年、香港の司法はずっと瀕死状態だったが、この判決は「香港司法」への死刑判決といってもいい、ショッキングなものであった。

王詩麗《おうしれい》裁判官は量刑を決めた根拠について、「六月二一日当時、デモ参加者たちは『水馬』と呼ばれるプラスチック容器に水を入れたバリケードやロードコーンを押し倒し、警察の防衛線を越えてきており、一つ間違えば大惨事になりかねなかった事件であり、裁判所としては軽く見ることができない」とした。

また、デモの間に通行人の市民と警察が衝突する場面もあり、暴力事件に発展し、その場にいる人々の安全の脅威となったことも重視。王裁判官は、「三人の社会運動は日増しに犯罪的になっていった」と指摘した。

「三人が共犯として分業協力し、言葉と行動で他人を煽動し、このデモに参加させようとした。デモの規模を大きくし、また道路をふさぐという潜在的リスクのもと、その対応のためのマンパワー資源を警察に浪費させた」とも指摘した。

周庭さんは二〇二〇年七月六日、他の二人も一一月二三日の最終公判前夜に素直に罪を認めた。このことにより、検察の求刑よりも若干、減刑されたが、執行猶予は付かず、そのまま収監となった。また、控訴中の保釈も認められないとした。

周庭さんは、この判決翌日の一二月三日が、二四歳の誕生日だった。誕生日を塀の外で「大好きなみんなと過ごしたい」という望みもかなわず、泣き崩れていた。

収監時に「精神的拷問」を

黄之鋒と林朗彦の両氏は、いずれもすでに禁錮刑を経験している、いわゆる「前科」持ちだ。だが、黄之鋒氏は、判決前の収監中に独房から出した直筆の手紙「監獄中の監獄」（一一月二五日付）のなかで、この収監が過去とは違って非常に過酷なものであることを明かしている。

「すでに三度、牢獄に入る経験をしてきたが、今回の（結審前収監）では予想に反して独房に入れられた」と語り、非常に屈辱的な目にも遭ったという。

黄之鋒氏は、二〇一四年の雨傘運動での違法な道路占拠の罪などで二カ月の禁錮刑を受け、二〇一九年六月に出所したばかりだった。

彼が収監されたとき、これまでとはまったく違い、まず狭い独房に入れられたという。体内に異物を隠し持っているといいがかりをつけられ、その異物が体から出るまで隔離するという名目だった。X線写真で異物が見えたというが、そのX線写真を黄之鋒氏は見せてもらっていない。

そして、排便も小さなプラスチック容器に強制されるような屈辱的な監視や、消灯のない状況での監察が続いた。

普通の収監なら五人部屋で寝起きし、昼間は数十人が一緒に作業する広い部屋での活動が認められる。こうした異例の措置は、黄氏に対する「精神的苦痛」を与えることが目的であり、一種の「拷問」ではないか、と外界は疑った。

だが黄之鋒氏は入廷時、しっかりとした表情で、傍聴席を見渡して確認するような仕草を見せる余裕があった。また退廷時、傍聴席に向かって「難しいのは分かっているけど、頑張れ！」と叫んだ。

林朗彦氏も、退廷時に「絶対に後悔はしない！」と叫んだ。

この裁判は、三人ともが公判前に罪を認めたことで起訴事実は争われなかった。だが、私は彼らの無罪を求め、ここで弁護したい。

まず「違法集会を煽動した」「三人が共犯として分業協力し、デモの規模を大きくした」というが、彼ら三人が煽動した証拠として提出されたのは、黄之鋒氏と林朗彦氏がメガホンを使って警察を非難するいくつかのニュース映像と、黄氏が警察総部前のデモに参加するように呼びかけるテレグラムのメッセージぐらいしかない。周庭さんは、黄氏の傍《かたわ》らに立っている姿を映した映像が証拠になった。

黄之鋒氏は過去に収監経験がある「前科者」だが、周庭さんはこれが「初犯」であり、彼女自身の「罪」としては、せいぜい不許可集会に参加したというくらいではないか。これで執行猶予なし、また控訴申し立て期間の保釈不可という判決は異常に厳しく、公正な判決とは思えない。

周庭さんへの完全なる冤罪裁判

元立法議員の區諾軒《おうだくけん》らにいわせると、以前の香港司法ならば周庭さんの場合、一定期間の社会奉仕が相応の処罰であろうという。

そもそも、六月二一日の集会を「違法集会」とすべきかどうかも議論の余地がある。三〇人以上の集会を行うには警察の認可が必要であり、その認可が下りていない集会は無許可集会ではある。しかし、その認可が下りないことが妥当かどうかという問題があり、無許可集会=違法集会とはいえないのではないか。

そう考えると、黄之鋒氏の禁錮一三カ月半も耳を疑う厳しさだろう。もっとも、中共式の権威主義的裁判であれば、違法集会煽動の最高刑の禁錮五年の可能性も心配されていたので、「その程度で済んだので良かったではないか」という人もいる。だが、そもそも黄之鋒氏らに煽動や集会を計画的に組織した事実がなかったとすると、完全な冤罪《えんざい》裁判だ。

証拠は「メガホンを持って叫んでいた」「テレグラムで警察総部前に誘導した」というものだとするが、このテレグラムのメッセージはイスラエルのハッカー企業に依頼して取り出したもので、実のところ、前後合わせて読めばメッセージは大衆に呼びかけるものではなく、黄之鋒氏の仲間うちに対する連絡事項だった。集会を煽動したり計画的に組織したりした証拠としてはおそろしく弱い。

この集会では黄之鋒氏らデモシストよりも、ＬＩＨＫＧという掲示板に集う「連登仔《れんとうし》」と呼ばれる若者グループのほうが存在感があった。外国メディアが黄之鋒氏や周庭さんばかりを持ち上げ取材していると、連登仔らは不満げに、「彼らはリーダーでもなんでもなく、ただの一デモ参加者に過ぎない」といった。参加者の主たる若者たちには、黄之鋒氏らの呼びかけに応じたという認識はないのだ。

ちなみに、なぜ外国メディアが黄之鋒氏や周庭さんを重視するかというと、彼らは基本的に暴力より言論の力を信じる非暴力派であり、「民主主義社会とは、異なる意見も自由にいえる社会である」という考えを示していたからだ。加えて、中国から新しく移民してきた「新香港人」に対しても香港人であることを認め、彼らが自分たちと異なる意見を持つことも容認する立場であるからだ。

この寛容さは、連登仔や勇武派と呼ばれる暴力肯定派からは「生ぬるい」とむしろ批判されるが、外国メディアとしては、黄之鋒氏や周庭さんらの主張に共感しやすい。もちろん、彼らの愛すべきキャラクター性、スター性もある。

中共政権が怖れるのは暴力ではなく言論

區諾軒によれば、六月二一日のデモでも、黄之鋒氏は連登仔と意見が対立していた部分があったようだ。興奮状態でデモを続行すると暴力的な状況が起きそうなので、デモを解散するかどうか現場で賛否を問おうと主張する黄之鋒氏に連登仔は反発。実際、集会のあとで黄之鋒氏がデモを解散させたことに参加者から非難が殺到したとか。つまり、二一日の警察総部前での集会がレンガを投げたり卵をぶつけたりする程度の暴力で済み、怪我《けが》人も出なかったのは、むしろ冷静な黄之鋒氏らがストッパーになったおかげかもしれない。

そういった部分が裁判で一切出てこなかったのは、最初から三人の有罪は避けられないと見た弁護士が、争わずに罪を認めることで減刑を得ようとする方針を採ったからだろう。そのため法廷論争も証人尋問もなく、検察から一方的に証拠が提示されるだけだった。最初から有罪が決まっている裁判など、公正とはいえまい。

香港デモのなかで、「抗争派」「勇武派」と呼ばれる暴力的な若者より、黄之鋒氏や周庭さんが首謀者的に扱われるのはなぜか？

答えは簡単だ。中国共産党政権とその傀儡《かいらい》である香港政府にとって本当に脅威なのは、暴力ではなく言論だからである。対話で問題を解決しようとする言論の士を見せしめ的に裁くほうが、自由を求める人々に、「中共体制とは話し合いの余地すらないのだ」と絶望を味わわせることができる。

香港デモで、手製のプロテクターギアを身に着け、マスクで顔を隠した黒服姿で、公共施設を破壊し、火炎瓶を投げて暴力的な抵抗をする「勇武派」「抗争派」の若者は、たしかに香港警察を疲弊させ、習近平政権を本気で怒らせた。また、問題の深刻さを世界に認識させる効果もあった。

だが、暴力はより強い暴力で抑え込めばいいだけの話だ。そして銃口から生まれた中共政権は暴力にかけては世界一流であり、暴力勝負では香港の若者に負けるはずがない。

覆面をして暴力で抵抗する彼らは、名もなき暴徒として弾圧され、消されて忘れ去られていくだけだ。火炎瓶を投げて逮捕されたデモ参加者たちは、量刑も年単位と重いが、世界中のほとんどの人が彼らの名前を知らない。

一方で、優れた言論は国際社会を共感させ連帯を生み、中共政権への包囲網を作りうる。

劉暁波《りゅうぎょうは》氏は投獄され獄中死したが、彼はノーベル平和賞を受賞し、彼の起草した「零八《ぜろはち》憲章」はいまでも多くの人に読まれ続けている。

この言論の強さ、時に暴力よりも威力を発する言論の脅威を中共政権はよく理解しているので、香港の言論を封じ込めることに心血を注ぎ、言論の士のほうを一層、残酷にいじめてみせるのだ。「言論で中共政権には勝てない」ということを示したいがために――。

もう一つの香港残酷物語

黄之鋒氏らのこの裁判とは別に、もう一つ香港残酷物語として世界が震撼《しんかん》したのは、二〇二〇年一二月三日の香港メディア王・黎智英《ジミー・ライ》氏の収監だろう。彼は八月一〇日に香港国家安全維持法（香港国安法）違反の容疑で逮捕され、のちに保釈されたが、黄之鋒氏らの収監後、改めて起訴されて即時収監となった。二〇二二年四月の公判まで保釈は認められないという厳しいものだった。

黎智英氏は、香港で反共路線を維持しているほとんど唯一のメディア、蘋果《ひんか》日報（リンゴ日報）を中心としたメディア集団ネクスト・メディアの創始者で、実質的なオーナー。八月一〇日、香港国安法違反で家族や部下らとともに逮捕され、蘋果日報本社が警察二〇〇人による家宅捜索を受けた。その後、黎智英氏は保釈金を支払い、保釈された。

実は周庭さんも、八月一〇日、香港国安法違反容疑で逮捕されている。この逮捕は「六・一二事件」の裁判とは関係ない。周庭さんはこの件に関して、この時点では起訴されていなかったが、黎智英氏が起訴されたとなると追訴される可能性があった。こちらのほうが実は恐ろしい。

なぜなら、香港国安法は中国共産党に逆らう言論の士を捕まえるため、二〇二〇年六月三〇日、新たに施行された一種の治安維持法であるからだ。この案件の司法プロセスは、これまでの香港司法とはまったく別の中共式司法が採られると見られていた。その際、香港政府が特別に指名する裁判官が審理するのだが、場合によっては中国に送致されて中国の検察と法廷によって裁かれる可能性もあった。

黎智英氏は香港のメディアの自由を体現する人物であり、また実業家や大富豪として香港の民主化運動や社会運動も支援してきた。彼を投獄できれば、香港メディアは、もはや中共への抵抗を完全に諦《あきら》めるはずだった。また、黄之鋒氏や周庭さんは海外メディアから英雄や女神として好意的に報じられてきたが、彼らを投獄することで、外国メディアに対しても萎縮《いしゅく》効果が狙えた。習近平政権はおそらくそう考えていた。

ちなみに、黎智英氏の起訴案件は香港国安法施行前の「詐欺」に関するもので、その中身は香港企業にありがちなペーパーカンパニーによる公金詐取だ。「国家安全危害」の罪を問う香港国安法とはまったく関係ない案件なのに、なぜか国安法違反で逮捕、立件され、国安法指定裁判官によって審理されるという異常な状況が発生した。

「体を収監できても精神は収監できない」

この香港司法の死刑宣告にも等しい状況を前に、私たちは本当になすべきことがないのだろうか。「鶏を殺して猿を脅《おど》す」効果、「寒蟬《かんせん》効果」と呼ばれる萎縮《いしゅく》効果に屈して、この中華式権威主義的な「法治」を受け入れ、もう香港に自由は戻らないと諦めてしまうしかないのだろうか。香港の運動は敗北したとうなだれるしかないのだろうか。

そうではないと私は思うから、こうして書いた。

二〇一七年八月一七日に、雨傘運動の「違法集会」に参加したとして禁錮六カ月の判決を受けた黄之鋒氏は、収監前に有名な言葉をツイッター（現X）に書き残した。

「体を収監できても精神は収監できない」

この「精神」は「言論」にいい換えることができる。口をつぐまない限り、書き続けている限り、香港の自由を求める精神はまだ敗北していない。運動は続くのだ。

31 トロントの周庭さんは安全なのか——中国警察「海外派出所」は三つある

収監時に刑務官から受けた屈辱的な身体検査

「皆さんに伝えたいことがあります……香港情勢、自身の安全、体と心の健康を熟慮して、私はおそらく一生、香港には戻らないことを決めました」

二〇一四年の雨傘運動、二〇一九年の反送中デモ（逃亡犯条例改正案反対デモ）で、香港の自由と民主のために運動を続け、「民主の女神」として各国のメディアで象徴的に報じられてきたのが民主運動家の周庭さんだ。

その彼女が二〇二三年一二月三日、二七歳の誕生日に突然、インスタグラムのアカウントで、カナダのトロントに留学中であることを明かした。そして、香港には二度と戻らない覚悟であるという事実上の亡命宣言を発表した。

香港国家安全維持法（香港国安法）に基づく違法集会を組織した罪などで実刑判決を受けた周庭さんは、二〇二一年六月一二日に出所して以降、公的な場で発言することはなく、その動静は不明だった。香港国安法では、外国メディアとの接触ですら「外国勢力との結託」という容疑の根拠となりうる。だから私も、周庭さんから連絡があるまではと、彼女にコンタクトを取らないようにしていた。

この日、突然の声明発表に、深夜、思わず声を上げるほど驚いた。彼女の無事が純粋にうれしかったが、これは朗報なのか？　それとも、周庭さんの新たな試練の始まりなのか？

この声明で周庭さんは、この三年間に自身が味わった苦痛について述べた。獄中、そして出所後も、逮捕された瞬間や、収監される際に刑務官から受けた屈辱的な身体検査の記憶がフラッシュバックし、突然、体が震えたり泣き叫んだりしてしまうといったPTSDの症状に苦しんでいたこと。別件の容疑で刑期が延期されたり再逮捕されたりする恐怖に収監中も出所後も苛《さいな》まれたこと。出所後も自由などなく、定期的に国家安全処（国安処）に出頭し、尋問され、パスポートは取り上げられたままで出国も禁じられていたことなど……。

周庭さんは、こうした自分の体験を振り返り、次のように述懐した。

「二〇二三年は精神的にも肉体的にも最悪の一年でした」

だが、それでも好奇心と向学心を失わず、「座して死を待つよりまし」という心境から、海外留学を決意した。そうして申請したところ、トロントの大学院より受け入れの通知が来た。それをもとに香港当局に出国の申請をし、様々な条件を付けられたうえで留学を許可されたのだが、こうしたことの経緯も説明された。

周庭さんが感じた中国の脆弱性

しかし、厳しい監視下に置かれていた周庭さんが、なぜ留学を許可されたのか？　留学許可の条件として、政治活動には一切関与しないということを含む懺悔書《ざんげしょ》を、自筆で書かされたという。その後、深圳《しんせん》に連行されて「愛国教育」を受け、その愛国教育を受けている姿を写真に撮られ、「警察の手配に感謝します。祖国の偉大な発展をよく理解できました」といった自筆の手紙を書かされた。また、休暇ごとに香港に戻り、国安処に出頭して報告を行う義務も課された……。

こうした条件から想像するに、著名な民主化運動家の周庭さんを洗脳し愛国者にして、中国共産党の宣伝塔として利用したかったのではないだろうか？　彼女の口から「中国共産党は偉大で寛容、中国共産党のおかげで私は更生できました」と、メディアの前でいわせたかったのではないか？

もっとも彼女自身は、内心で、以下のような感想を抱いていたのではなかろうか。

「強大な国家が民主的な人間を監獄に送り、出国の自由まで制限し、パスポートを返却してもらうためには中国大陸の愛国展示の参観を要求する……これは一種の脆弱性《ぜいじゃくせい》に違いない」

こんな皮肉な思いを——。

あるいは、香港警察当局は周庭さんが運動に参与したことを、本気で後悔していると思ったのかもしれない。

そもそも、彼女は筋金入りの運動家ではない。もともとは学生運動組織「学民思潮」の広報担当であり、彼女が有罪判決を受けたのは、メディアで顔と名前が知られていたからだ。

彼女の逮捕は社会に対する見せしめ効果と同時に、メディアに対する萎縮《いしゅく》効果を狙った部分もあろう。

実際、私には、メディアの一員として彼女を「民主の女神」として大々的に報道したために、「彼女が民主活動家を辞めて普通の女子学生に戻る選択を阻害したのかもしれない」という一種の罪悪感がある。

周庭さんが「外国勢力との結託」を問われたのは、私たちの取材に原因があるのかもしれない。彼女が民主化運動に参加したのは「メディアに煽《あお》られたのが原因だ」と香港警察が考えたのであれば、改心したと見える彼女の姿勢を疑うこともないだろう。

もう一つありそうなことは、中国共産党が、彼女をスパイに利用できると考えた可能性だ。

周庭さんは、家族や友人たちを香港に残したままカナダに留学した。いわば人質を取った状況だ。相手が彼女ならば、カナダの政財界も、アカデミズムも、一般社会も、華人民主活動家ネットワークも、メディア関係者たちも、胸襟《きようきん》を開いて話をする。そうなれば、様々な情報を得られるだろう。それを、「人質」を盾にして引き出そうとする可能性はある。

中国が見せた再逮捕への執念

そうした中国共産党の思惑に、周庭さんも気づいていたかもしれない。

「私が報告に戻ると、たとえ国安処が逮捕したりパスポートを回収したりしなくても、おそらく以前と同様の一定の条件を出されたり訊問《じんもん》されたりする可能性が高く、私が彼らを満足させて、やっとカナダに帰してもらえるのだと思います」

このような声明の一文の行間から、それを感じられないだろうか？　悩み抜いた末、二七歳の誕生日に、香港には一生もどらない決意を表明したのだ。こんな彼女の不撓不屈《ふとうふくつ》の精神と、カナダでの人生のリスタートに、心からの祝福を贈りたい。

だが、彼女に自由で安全が保たれた環境が約束されるかどうかは、また別の話だ。むしろ、これからさらなる試練が待ち受けているかもしれない。

香港の行政長官・李家超《りかちょう》は、記者の質問に答える形で、次のように語っている。

「警察は寛大な対応を行おうと好意を示したのに、騙《だま》された」

「『逃亡犯』は誠の心を売り払い、同情を得るための言い訳をでっちあげ、自分を正義に見せようとして、恥ずべき行為をした。特区政府は、全力で、いかなる国家安全に危害を加える逃亡犯も追跡して逮捕する」

「自首する以外は、生涯、追われ続けるぞ」

これは恫喝《どうかつ》である。

さらに、保安局長の鄧炳強《クリス・タン》も、立法会保安事務委員会会議後に、「絶対に自分のやったことを後悔させてやる」と発言した。中国外交部報道官も、定例記者会見で、「この香港の姿勢を支持する」と後押しをした。中国も香港も、周庭さんの再逮捕に執念を燃やしていた。

世界に一〇〇カ所以上もある中国公安「海外派出所」

そんななか、周庭さんの身分は一留学生……もし中国が外交的、あるいは経済的に圧力をかけたとき、カナダ政府が周庭さんをしっかり守り切れるだろうか？

カナダ政府は二〇一八年、アメリカの要請で、対イラン制裁に違反したファーウェイのCFO、孟晩舟《もうばんしゅう》を逮捕した。しかし、このとき中国は、報復措置としてカナダ人の元企業家と元外交官を「スパイ容疑」で逮捕、起訴した。そして、カナダ当局が最終的に孟晩舟を釈放したあと、二人も釈放されたのだ。同じような形で圧力をかけられることは十分にありうる。

また、カナダを含め世界各国には、中国公安の出先機関となる「海外派出所」が一〇〇カ所以上ある。スペインを拠点とする人権団体セーフガード・ディフェンダーズのリポートによれば、トロントには少なくとも三つの中国による「海外派出所」が存在するらしい。

中国公安が外国で活動を行うのは明らかな主権侵害であり非合法だが、一部の国家はこれを黙認し、華人社会の犯罪やトラブルの解決を任せたりしている。

中国公安の「海外派出所」の狙いは、海外逃亡した汚職官僚などの秘密逮捕もあるが、外国に住む華人民主活動家に対する監視、妨害、誘導工作もある。また、時にはターゲットを事故や偶発事件に見せかけて暗殺することもあるようだ。カナダ政府は、周庭さんを、こうしたリスクから守れるだろうか？

たとえ彼女がカナダで思想と言論の自由を取り戻したとしても、不安と恐怖から完全に解き放たれるには、まだ時間がかかる。だからこそ、ここでメディアの力が試されると思うのだ。

この事件を報道することによって、周庭さんに対する国際世論が喚起されれば、彼女の安全に対して世界の関心も高まる。

こうしたことが、中国共産党の残酷な刃《やいば》を防ぐ幾何《いくばく》かの助けになるはずだ。そして、それが周庭さんの恐怖を和《やわ》らげることにつながるはずなのだ。

32 香港の希望をつぶした全人代――中国共産党が口走る「愛国」のおぞましさ

香港「二度目の返還」

二〇二一年三月、北京で開催された全人代（全国人民代表大会）で、香港の選挙制度の改正が決定された。賛成票が二八九五票、棄権一票、反対票はゼロ票だった。これは、国際社会や香港市民らから「二度目の返還」と呼ばれている。

一九九七年に、イギリス統治下から中国にハンドオーバーされたのが一度目の返還。このときはイギリスと中国の国際的な合意のもと、中国とは異なる政治・経済体制が維持される「一国二制度」が施行されることになった。その際に作られた香港基本法の付属文書一と二で、状況に応じ、プロセスに従って、普通選挙が実現できる道筋が示された。これは、イギリスが香港に置き土産として残した民主化の種だった。

この付属文書が与える普通選挙への道筋があったからこそ、香港市民は希望を失わずに、法治と自由と民主が取り戻せると信じて、社会運動やデモへの参加を継続してきた。

ゆえに「二度目の返還」とは、香港の希望そのものが中国に奪われたことを意味する。

基本法の従来の付属文書が全人代による新たな付属文書に置き換えられ、香港の選挙は中国当局が完全にコントロールできるようになったからだ。

二〇二〇年の全人代では、不意打ちのように香港国家安全維持法が採択された。この法律によって、中国は香港でのデモや政治活動を制限できるようになり、中国のやり方に抵抗感や不信感を持つ人間を、「国家政権転覆」関与などを理由にして、逮捕・起訴することを可能にした。

これにより、世界で最も平和的に大規模デモを行ってきた香港のデモ文化は弾圧されるようになり、香港の「一国二制度」の変質を決定的なものになった。

この香港国安法に対しては、「中英共同声明による一国二制度五〇年保障」の国際的な約束に違反しているとして、世界中が非難した。アメリカは、林鄭月娥《りんていげつが》（キャリー・ラム）香港特別行政区行政長官を含む香港と中国の関係官僚に対し、いち早く制裁を実施している。

香港市民は、こうした国際社会の応援を心の支えに、二〇二〇年に予定されていた立法会選挙における民主派の過半数議席の獲得を目指した。立法会の過半数を奪えば、予算案などを人質にとって、政府に譲歩を迫れると考えたからだ。

もともとの立法会は、七〇議席のうち直接選挙枠は三五議席、職能枠といわれる業界別組織からの候補者が業界別投票人に選出される議席が三五議席。その職能枠のうち五議席が区議枠となっていた。

二〇一九年秋の区議選挙では、中国や香港の当局の予想を裏切って民主派が圧勝していた。そのため、職能枠でも医療業界には中国の新型コロナウイルス隠蔽《いんぺい》に対する不満が広がっていたので、民主派候補が勝利する公算もあった。つまり、民主派が票の食い合いさえ避ければ、立法会で過半数の議席を得ることは不可能ではなかった。

この勝利を目指し、二〇二〇年七月、民主派は勝てる候補を絞り込むために自主的な予備選挙を行った。登録有権者の一三パーセントを超える六一万人の市民が、この予備選挙に参加した。

だが、このことが中国当局に恐れを与えた。慌てて選挙制度自体を「改正」し、立法会選挙における民主派の勝利を阻止しようとした……以上のことが、二〇二一年の全人代における決定の背景にある。

中国当局の傀儡《かいらい》である香港当局は、二〇二一年一月にまず、この予備選挙を計画・実施した著名な民主派メンバーや現役区議を含む五五人を、香港国安法違反で一斉に逮捕した。

うち四七人を全人代直前に一斉起訴し、公判を実施。議会の過半数を奪おうとしたことが即ち「政権転覆」への関与、という信じられないロジックでの起訴だった。

ちなみに、この公判では一日目が一四時間、二日目が一〇時間という拷問にも等しい長時間尋問が行われた。そのため被告の一人が昏倒するという事態にもなった。

親中派を増やすための法改正

こうして全人代が採択した決定により、香港基本法の付属文書一「行政長官産出弁法」と付属文書二「立法会産出弁法と表決プロセス」が、新たな付属文書に置き換えられることになった。それをもとに香港の選挙における関連法規が修正された。

およその内容としては、まず、行政長官を選出する香港の選挙委員会が一二〇〇人から一五〇〇人に拡大された。これまで選挙委員会委員は、「商工・金融界」「専門家」「労働・福祉・宗教界」「政界」の四大業界から選ばれていたが、拡大後はこれに加え、「全人代・全国政治協商会議枠」が加わった。つまり、行政長官を選出する選挙委員会には、一層、親中派が増えた。

さらに行政長官選挙に出馬するためには、選挙委員一八八人以上の合同推薦が必須だが、上記の五大業界から、それぞれ一五人以上が推薦メンバーに含まれていなければならないとした。選挙委員会は一人一票、無記名投票で行政長官を選出する。選挙委員会委員の過半数以上の支持をもって当選とした。

また、立法会を現行の七〇議席から九〇議席に増やした。これまでの選挙は、選挙区ごとの直接選挙枠が三五議席、職能・業界別団体による間接選挙枠が三五議席（五議席の区議枠を含む）。ここに新たな職能選挙枠として、選挙委員会枠が追加される。相対的に直接選挙枠が減るし、選挙委員会委員には全人代や全国政治協商会議委員ら親中メンバーが増えているので、ますます親中的になり、香港の民意が反映されにくくなる。

この結果、立法会選挙では、過半数どころか民主派議席の三分の一以上の確保も不可能になり、香港の命運を決める重大法案の議決を阻止することは不可能になる、と予想された。

さらに候補者資格審査委員会を設立し、選挙委員会委員候補人、行政長官候補人、立法会候補選挙人の資格を審査するとした。候補者は「愛国者」であることが必須。愛国者であるという判断がどういう基準に基づくものか、明らかにはされていなかったが、中国に対して異見を持つ人間や民主派を、完全に排除するつもりであることは明らかだった。

人民代表化する香港立法会

この選挙制度改正の決定により「愛国者による香港統治」を徹底できる、と中国の全人代常務委員会副委員長の王晨《おうしん》は説明している。彼は、「愛国者による香港統治こそが、一国二制度、香港人による香港統治、高度の自治方針の長きにわたる安定的な維持につながる」とした。

この決定のあと、林鄭月娥長官は「政治体制は中央政府の管轄《かんかつ》であり、選挙制度はその重要な構成部分である」とし、「全人代の決定は完全に合法であり合憲である」と歓迎の意を示した。

だが、香港民主党の羅健熙《らけんき》主席は「北京のこの決定によって立法会の代表性はさらに失われ、民意の支持もさらに失われた」とBBCにコメントし、以下のような懸念を表明した。

「多くの香港市民は体制に失望し、ますます議会が自分と無関係だと思い、（これまで選挙行動やデモで表明していた民意が強権で押し込められることで）恨みが増幅して不満はむしろ蓄積し、いつか大爆発が起きるのではないか」

この全人代の決定は、事実上、香港立法会の人代化（人民代表化）であった。そして、このあと起こるのが、香港の「新疆《しんきょう》ウイグル自治区化」だろう。

中国共産党の指導に異なる意見を持ち、自らのアイデンティティや文化を守ろうとする人間を、国家転覆者として裁き、弾圧する。香港人全体に恐怖政治と洗脳教育を行う。そうして、習近平を核心とする共産党中央に服従して抵抗しない「愛国者」に育て上げようとするわけだ。

おそらく中国からの移民も増やし、香港アイデンティティの希薄化も進めるだろう。そう、ウイグル人に対して行っているように……。

だが「愛国」ってなんだ？

中国共産党のいう愛国者とは、まるで自分の考えを持たない家畜か奴隷のことではないか。

本当の愛国とは、自分の考えや意思を持って政治を考え、政権に誤りがあればそれを指摘し、正そうとすることだろう。選挙とは、そういう愛国者の代表を議会に送り込み、政権の横暴を抑制するために行うものだ。

中国共産党が口走る「愛国」ほど、おぞましいものはない。日本政府も、そのことを、はっきりと言明してほしい。

でなければ、私たち日本人の「愛国」の概念すら、怪しいものではないかと疑われるだろう。

33 驚愕の「新疆文書」――日本のアパレルメーカーはどうする？

公開された最高機密「新疆文書」

新疆《しんきょう》ウイグル自治区で行われている「ジェノサイド」については、二〇二一年一一月二九日、「新疆文書」と呼ばれる内部文書の全容が、イギリスのNGO「ウイグル法廷」（ウイグル・トリビューナル）のサイトを通じて公表された。一連の新疆におけるイスラム教徒のエスニックグループに対する漢族同化政策が、習近平の直接指示によって進められていることが明らかにされたのだ。

この「新疆文書」は、一部「絶密」（最上級機密扱い）と記載された二〇一四～一七年の内部文書を抄録《しょうろく》した「副本」で、流出元を隠すために工夫《くふう》されていた。だがそこには、習近平《しん》および共産党のハイレベル指導部が漢族同化政策について発言した内容、そして進捗《ちょく》具合の報告などの詳細が記載されていた。

たとえば習近平は、宗教が少数民族の失業に影響するリスクについて警告し、特に新疆地域の「人口比例」コントロールの重要性を強調……この人口比例とは、少数民族と漢族の人口バランスのことを指している。

これら文書はＮＧＯ組織ウイグル法廷のサイトで一部公開され、二〇二一年一二月一日、世界の主要紙が詳細に報道した。この組織はロンドンに本拠地を置く、ウイグル人の人権問題を問う弁護士や人権活動家による組織で、公聴会を開催したことでも知られる。「新疆文書」は、二〇一九年一一月にニューヨーク・タイムズが特ダネとして報じた内部文書と同一であり、ウイグル法廷も二〇二〇年九月の段階で、同じ文書を独自に入手していたという。

その信憑性《しんぴょうせい》を疑う声もあったが、その後、複数の研究者や関係者が実物であると評価している。おそらくは、北京冬季オリンピック・パラリンピック前に、再度、ウイグル問題について国際世論を喚起する目的で、ウイグル法廷サイトに公開されたのだろう。第一弾としては、二〇一四年に習近平が行った演説に関する三文書が公開されていた。

「漢族人口がウイグル人口に対して少なすぎる」

ウイグル人の人権問題について数々のリポートを出している研究者のエイドリアン・ゼンツ博士が、ウォール・ストリート・ジャーナルなどで、この文書について解説した。それによると、この文書の注目点は、習近平が二〇一四年の演説のなかで初めて言及した言葉が、その後、中国政府の政策文書のなかに登場し、その他の高官たちがそれを引用する形で、各地で演説して普及させていくというプロセスが示されたことだ。

たとえば習近平は、二〇一四年五月に新疆問題に関する会議上で演説しており、そこで「新疆の宗教原理主義（中国語では極端主義）勢力に対し、中国共産党は躊躇《ちゆうちよ》することなく動揺することなく、人民民主専制を武器として用い、パワーを集中して殲滅的《せんめつてき》な打撃を与える必要がある」と語っている。

新疆ウイグル自治区の党委員会機関紙である新疆日報は、その年の六月、自治区書記の張 春賢《ちようしゆんけん》がほぼ同じ表現で行った演説を報じている。

また、習近平の二〇一四年五月の演説では、アパレルその他の産業で、ウイグル人の大規模労働者プロジェクトの展開を示唆《しさ》していた。労働者権利擁護活動家などによると、これら産業は中国において強制労働が常態化している分野であり、新疆綿使用のアパレル産品の輸入禁止をアメリカが提言し出した原因でもある。

「新疆文書」によると、習近平は新疆の雇用問題について、「大量の無職者が社会をさまよい、ろくなことをしない。企業による雇用があれば、民族の交流を深め、融和に有利である」と語っている。

また、「新疆文書」のなかのニューヨーク・タイムズが以前に公開していなかった部分で、習近平が「人口比例と人口安全が長期的平和と安定の重要な基礎である」と言及していることも明らかになった。

二〇二〇年には、ある新疆の高官が、この発言とまったく同じ発言をしており、「南新疆における漢族人口がウイグル人口に対して一五パーセントである現状は低すぎる」と警告していた。

この「新疆文書」から、「習近平の一言が新疆ウイグル自治区政策のすべてに影響している状況がうかがえる」と、ゼンツ博士は指摘した。

ウイグル弾圧は一帯一路のため

習近平は、「純粋な信仰と過激宗教思想を区分し、正常な宗教活動と宗教界の合法的権益は必ず保護される」と公の場では語っている。だが、この文書から見るに、宗教的な結婚儀式や未亡人婚の風習なども、宗教による世俗社会への介入だとして攻撃しているのだ。

二〇一四年四月、習近平は政府高官向けの講話で、「宗教原理主義は一種の強力な幻惑薬だ。宗教原理主義分子は瞬《まばた》きもせずに殺人を犯す悪魔だ」と語り、ウイグル人イスラム教徒に対する暴力的な鎮圧《ちんあつ》を進めるために、新疆での「再教育施設」を建設するように呼びかけた。

ウイグル人の人権問題には長く複雑な歴史がある。しかし少なくとも、いま欧米社会が問題視している強制収容による再思想教育、身柄拘束、財産没収、強制労働、強制移住、出産管理を含む人口政策などからは、ウイグル人の中国化（漢族化）が強化されたことがうかがえる。

欧米社会はこれをもって、習近平が政策上、ウイグル人を文化的に、そして社会的に抹殺しようとしている、つまり「ジェノサイドを行っている」とする。

習近平の野心の一つが、中国をアメリカと対抗しうる現代社会主義強国にし、国際社会の枠組みをアメリカ一極体制から、中国が積極的な役割を果たす米中二極体制、あるいは中国一極体制を目指すものであることは、ほとんど周知の事実である。

その野心を実現するため二〇一三年に打ち出したのが一帯一路だ。

新疆地域を基点に中央アジアを通過して欧州やロシアに至るという二一世紀のシルクロード構想なのだが、これを実現するために、ウイグル人の抵抗勢力を徹底的に排除する必要に迫られた。それが、いまの「ウイグルジェノサイド」の主要な動機なのだ。

つまり、新疆ウイグル自治区で起きている問題は単なる一民族の問題ではない。「世界のリーダーになる」という中国の大いなる野望のスタートとなるアクションなのである。

これに対して国際社会がきちんと連携して抵抗しなければ、いずれ国際社会の枠組みが中国の価値観や秩序で作られる時代が来るかもしれない……こうしたことまで考えなければならないのだ。

日本のアパレルメーカーの不作為

日本人のなかには、専門家であっても、ウイグル人に対する人権問題をジェノサイドというほど深刻なものではないと考え、「欧米メディアや研究者、あるいは人権派の生み出したフェイクニュースだ」という人がいる。

日本を代表するいくつかのアパレルメーカーも、少なくとも自身の企業が関わるサプライヤーや綿花農場に強制労働問題はないという立場で、新疆綿の使用継続を肯定していた。

何をもってジェノサイドというのか、何をもって強制労働というのか、何をもって人権というのか……実のところ、国や地域によって、認識の違いがある。

習近平政権が発表した「中国の民主」白書では、中国は民主国家ということになっていた。「欧米の民主とは違う中国の民主を作り出した」といって胸を張った。

では、オリンピック憲章で言及されている人権の概念は、中国のいう人権の概念でいいのか？　それがいま、問われている。

二〇二二年二月に開催された北京冬季オリンピック・パラリンピックに対しアメリカが外交的ボイコットを行った。ウイグル人弾圧や香港の民主と自由への度重なる弾圧、前述した女子テニスプレーヤー彭帥《ほうすい》の問題に象徴される深刻な人権問題に対して抗議する、という国家としての態度を示すためだった。

日本やイギリス、そのほか多くの自由と民主を重んじる国々が、少なくとも外交的ボイコットを行った。

習近平は歯ぎしりしていたはずだ。

34 中国というコインの表と裏だった上海と新疆

新疆化する上海

二〇二二年五月はじめ、新疆《しんきょう》ウイグル自治区カシュガル市のグランバザールが撤去されて更地《さらち》にされようとしていることを、ラジオ・フリー・アジアの独自ダネで知った。

そのカシュガルのグランバザールを二〇一九年五月に訪れた。本来、海外旅行者にとっては、ウイグル人の生活の匂いを感じ、その文化を理解する絶好の観光地であったが、このときに訪れたグランバザールには活気もなく、人々の笑顔も少なかった。

中国政府によるウイグル人に対する強制収容問題が世界に知られつつあり、さらに厳しいウイグル人弾圧が進行していたタイミングだったからだ——。

そのためか、バザールに出入りする際にも厳しい身体チェックや持ち物チェックがあり、バザール内の至るところに監視カメラが設置されており、多くの警官の姿を目にした。

そのがちがちに管理・監視されていたバザールですら、とりつぶしとなったのである。建前は貧困対策だが、本当はウイグル文化を破壊することだと思われている。

これに抵抗するウイグル人店主は暴力を振るわれ、連行されたらしい。ウイグルジェノサイド問題は、一向に解決も緩和もされていない。

多くの人たちは、いまなおウイグル問題は中国のほんの一部の陰の部分、あるいは少数民族問題であり、中国人の大多数とは関係ないと思っている。だが、新疆ウイグル自治区で起きてきたことが、実は上海で起きているとしたらどうだろう？

ニューヨーク・タイムズ（五月六日付）に、袁莉《えんり》というコラムニストが「上海の新疆化？」という文章を寄稿していた。

「上海と新疆は、かつては中国というコインの表と裏、光と陰だった」という導入で始まるその内容には、あまりに思い当たる節があり、愕然《がくぜん》とした。

上海市民もウイグル人も政治運動の犠牲者

コラムによれば、上海は中国の最も成功した大都市であり、パリで買い物をしたり、週末には日本の京都に小旅行に行くような富裕層の集う都市だ。一方、新疆ウイグル自治区には一〇〇〇万人の貧しきイスラム教徒が暮らし、彼らの抵抗を恐れる当局は強制収容所を造り、宗教を弾圧して、物理的にも精神的にも監視・コントロールしようとしてきた。

この二つの地域は光と陰という対照的な存在であったはずなのに、二〇二二年三月以降、上海で新型コロナウイルス感染症予防のためのロックダウンが始まり、市民はウイグル人と同じようなコントロール下に置かれることになった。

上海市民は長い行列を作って何度もPCR検査を受けることを強要され、自分がウイルス保持者でないことを証明せねばならない。これは、ウイグル人が何度も尋問を受け、過激宗教に染まっていないことを証明しなければならないのと同じだ。

ウイグル人は強制的に管理アプリをスマホにダウンロードさせられ、個人としての言動を監視される。上海人も健康コードアプリをダウンロードさせられ、感染リスク別に色分けされて、行動を制限された。

ゼロコロナキャンペーンの政治スローガンと新疆弾圧アクションのスローガンは似ている。習近平は二〇二二年五月五日の政治局常務委員会でゼロコロナ政策の徹底を掲げ、「応収尽収」(収容すべきは収容し尽くせ)と号令をかけた。同じスローガンは、ウイグル人の強制収容についても使われた。

上海では、PCR検査で陽性が判明すれば有無をいわさず隔離施設に収容された。それが生後二カ月の赤ん坊であろうと九五歳の老女であろうと、抵抗すれば白い防護服の職員たちが暴力的に取り押さえて連行した。

なかには検査結果が判明する前に連行され、あとで陰性が分かっても、隔離施設内で感染している可能性が高いため、解放されないケースもあった。隔離施設の環境は劣悪で、服用すべき薬が与えられずに失明した人や、痛風などの持病に苦しんでいても放置される人もいた。

それは、ウイグル人たちが過激宗教に染まっていると疑われ、強制収容所に連行される状況とよく似ていた。上海市民もウイグル人も、ともに愚かな政治運動の犠牲者だった。

すべてのコミュニティを強制収容所に

ウイグル問題やチベット問題についての著作も多いノンフィクション作家・王力雄《おうりきゆう》は、二〇二二年三月以降は上海におり、ロックダウンに遭遇しているのだが、「上海のロックダウンは社会の管理・コントロールの大演習だ」と語っていた。

「もし、この政権が上海のような複雑な社会を管理・コントロールできるならば、中国には今後、問題は発生しえない」

だから、習近平は「大上海」を完全に監視・コントロールしようとしているのだ、と。

習近平は、すべてのコミュニティが強制収容所となり、たとえ戦争が起きても、飢饉《ききん》が到来しても、天災が襲っても、経済崩壊が起きても、人々を監視・コントロールし続けるディストピアを完成させたいのだという。

武漢のロックダウンをモデルにした『禁城』を上梓した作家の慕容雪村《ムロン・シユエツン》は、こう指摘していた。

「このコロナの状況は、中国共産党による管理の助けになっている。中共は非常に賢明に、この機会を使い、無限に自己権力を拡張している」

四〇日以上続いた上海ロックダウンの前半、市民が怯《おび》えたのは食料不足だった。だが、飢《う》えよりも恐ろしかったのが、「入戸消殺」(各家のなかに押し入り、徹底消毒する)措置だ。

白い防護服姿の「白衛兵《はくえいへい》」たちが、家主に鍵を提出するように要求する。これに抵抗すれば、ドアを蹴破《けやぶ》り、部屋のなかを「消毒する」という名目で荒らし回る。クローゼット、本棚、冷蔵庫を開け、中身を全部床にぶちまける。テレビもパソコンもエアコンもベッドも、腐蝕性《ふしよくせい》の高い消毒液まみれにして、二度と使えなくするのだ。

これは文化大革命時代に紅衛兵《こうえいへい》が行った「抄家《しようか》」(家探し)と同じだ。白衛兵も紅衛兵も、自分よりちょっと豊かで恵まれた人たちの生活を破壊することを愉快に感じているふうだった。憲法学者の童之偉《トンジーウエイ》は「これは違法行為だ」とSNSで主張したため、彼のアカウントは閉鎖された。

マイホームは上海人にとって神聖なる城だ。汗水たらして働き、手に入れた成功の象徴。それを他人に踏み荒らされることは、人間の尊厳を失わされ、精神を踏み荒らされることと同じなのだ。それは、ウイグル人が信仰を踏みにじられるのと同じようなものだった。

こうしたやり方に対する市民の怒りは、上海市の李強書記に向かった。そして、その李強にロックダウン継続を命じている習近平に向かった。

習近平は上海の次に台湾と日本を狙う

西安でも長春でも深圳《しんせん》でも同じようにロックダウンしてきたのに、なぜ上海人はここまで抵抗するのか——それは、上海人が中国で最も豊かであり、政治より経済、イデオロギーより日々の暮らしを重視し、西側の文化や価値観、自由や人権意識に、すっかり染まっているからだ。

習近平はそれが許せない。消毒したかったのは、実はウイルスではなくて、上海人の右傾化した精神なのだろう。だから上海で新型コロナウイルス感染症の流行が終息してからも、ロックダウン式管理は解かれない可能性が高かった。

ゼロコロナ政策のために発行された健康通行証は安全通行証に変わり、市民はウイルス感染の有無ではなく、西側の思想汚染の有無を一方的に決めつけられ、行動制限に使われる可能性がある。上海のような大都市においてすら個人の財産権も人権もないのだと中国全土に知らしめれば、上海以下の都市民が、どうして自由や財産や人権を求めることができようか。

いわんや、農民や労働者は？　そんなものは最初からなかった。中国人民は家畜なのだと諦《あきら》めがつくだろう。中国の支配者にとって、歴史上ずっと脅威であり続けた人民の反乱が遠のけば、ようやく独裁者は「自分の権力が安泰だ」と安心できるのだ。

だが、一四億人を完璧に支配できたとしても、独裁者はきっと次の不安に襲われる。隣国も支配せねば、隣国の人々が自分を攻撃してくるかもしれない、と。

私たちが新疆のウイグル問題を放置していたら、香港が新疆化し、輝けるビジネス国際都市・上海までもが新疆化し、中国全土が新疆化していく……そして、やがて台湾や日本も新疆と同じ運命をたどるかもしれない。

そんなディストピア拡大をどうやったら阻止できるのか、それをいま考えないでどうするというのだ。

福島香織（ふくしま・かおり）

奈良県に生まれる。大阪大学文学部卒業後、産経新聞に入社。1998年から中国・復旦大学に留学。2001年、香港支局長。2002～08年、中国総局特派員として北京に駐在。2009年、産経新聞を退社、フリーに。中国の政治・経済・社会をテーマに取材を続ける。主な著書に、『なぜ中国は台湾を併合できないのか』(PHP研究所)、『習近平「独裁新時代」崩壊のカウントダウン』(かや書房)、『習近平の敗北 紅い帝国・中国の危機』(ワニブックス）などがある。

新聞《しんぶん》が語《かた》る
中国《ちゅうごく》の97％は嘘《うそ》である

Hanada 新書 008

2025年4月30日　第1刷発行

著　　者　福島香織
発 行 者　花田紀凱
発 行 所　株式会社 飛鳥新社
〒101-0003
東京都千代田区一ツ橋2-4-3 光文恒産ビル 2F
電話　03-3263-7770（営業）　03-3263-5726（編集）
https://www.asukashinsha.co.jp
装　　幀　ヒサトグラフィックス
印刷・製本　中央精版印刷株式会社
校正担当　得丸知子
編集協力　間渕 隆

ISBN 978-4-86801-077-7

編集担当　沼尻裕兵